Bartholomaeus Georgievits

De captivitate sua apud Turcas
Türkiye'de esir iken
Gefangen in der Türkei

Yayına hazırlayan:
Reinhard Klockow
ve Monika Ebertowski

Gesellschaft für interregionalen Kulturaustausch e.V.
ve Kreuzberg Müzesi Baskı Atölyesi
işbirliği ile hazırlanmıştır

1544 tarihli Lâtince baskısından
Almanca'ya çeviren ve önsöz ve açıklamalarla
yayına hazırlayan: Reinhard Klockow

Almanca metinden Türkçe'ye çevirenler:
Tarık Seden ve Nilgün Yüce

El dizgisi:
Wolfgang Kuhmann ve Monika Ebertowski

Orijinal tahta baskısı gravürlerin
ve Lâtince el dizgisi metinin
klişeleri çıkartılmıştır.

Heidelberger Tiegel'de basan:
Rolf Dralle

Desenler: Hanefi Yeter

Kapak düzenlemesi: Ellen Röhner

İç kapak: Horst Dralle
(H. Yeter'in desenlerinden yararlanarak)

Cilt: Lüderitz & Bauer, Berlin-Kreuzberg

Kreuzberg Kültür Dairesi'nin desteğiyle

Tahta baskısı gravürler,
Staatsbibliothek zu Berlin - Preußischer Kulturbesitz
Kütüphanesi'nde bulunan Ui 8800 R sayılı
nüshadan alınmıştır

֍   ֍   ֍

Georgievits, Bartholomaeus:
De captivitate sua apud Turcas: Gefangen in der Türkei; Türkiye'de esir iken/
Bartholomaeus Georgievits. Hrsg. von Reinhard Klockow
und Monika Ebertowski
Berlin: Gesellschaft für interregionalen Kulturaustausch e.V./
Druckwerkstatt im Kreuzberg Museum, 2000
ISBN 3-9804686-7-4
Einheitssacht.: De ritibus et differentiis Graecorum et Armeniorum ...
‹dt./türk.›

ÖNSÖZ

Lâtince aslının yanısıra ilk kez Almanca ve Türkçe çevirileriyle birlikte yayınlanan bu kitapçığın varlığı uzun süre zihinlerden silinmiş. Tahminen 1544 yılında ilk baskısı yapılan eser, 20. Yüzyıl'da dilbilimci ve edebiyat bilimcisi Franz Kidrič tarafından yeniden keşfedilene dek asırlarca dikkati çekmemiş. Kidrič, kitabın başlığında yazarı olarak belirtilen Bartholomaeus Georgius ile 16. Yüzyıl'da Türkiye hakkında çok sayıda tanınmış eser yazmış bulunan Bartholomaeus Georgievits'in (ismin farklı yazım biçimleri bulunmaktadır) aynı kişi olduğunu da kanıtlamış. Sözü edilen Macar-Hırvat kökenli Bartholomaeus Georgievits, 1526 yılında Mohaç Meydan Savaşı'nda Türkler'e esir düşüp köle olarak satıldığında, gençlik çağını sürmekteymiş. Maceralı bir kaçıştan ve Kudüs'te geçirdiği uzunca bir süreden sonra, ancak 1538 yılında dönebilmiş Avrupa'ya. Dönüşünden sonra Türkiye uzmanı sıfatıyla ülkeden ülkeye dolaşıp bir dizi metin yayınlamış. 1552 yılında bu yazıları bir araya getirerek toplu olarak yayınladığı «Türk Kitapçığı» *(Libellus ... diuerſas res Turcharum breui tradens)* büyük ilgi toplamış, birçok yeni basımı ve çevirisi yapılmış. Yaklaşık olarak bu tarihten itibaren yaşamını İtalya'da sürdüren Bartholomaeus Georgievits'in izi, 1566 yılından sonra kaybolmuş.

Georgievits'in dur durak bilmeden sürdürdüğü ve genelde kısa yazılarının yeni baskılarından ve değişik düzenlemelerinden oluşan yayıncılık uğraşısında, elinizdeki eseri hep gözardı etmiş olması dikkat çekici. Oysa özellikle bu eser, ağırlıklı olarak Türkiye'deki esaretiyle ilgili otobiyografik anlatımları içermesi nedeniyle, daha sonra üstleneceği Türkiye uzmanı konumuna meşruluk kazandıracak nitelikte. Ancak bu kitapta gerek esaretinin süresi, gerekse esaret koşullarının acımasızlığı hakkında anlattıkları, diğer yazılarındaki anlatımlarla çelişmekte. Eserin tamamı gözönüne alındığında, dönemin Türk söylemi bağlamında hemen hepsi retorik propaganda kokan benzerlerinden farklılığı dikkati çekiyor. Yazar, 16. Yüzyıl'ın ilk yarısında Türkiye'deki yaşam koşullarının son derece canlı ve görece nesnel bir tablosunu çiziyor.

Metin, yazıldığı dönem için karakteristik sayılan girizgâhlardan ve eser hakkında başkaları tarafından kaleme alınmış methiyelerden oluşan ekleri de dahil olmak üzere, kısaltılmaksızın yayınlanmaktadır. Bu methiyelerde kendini gösteren nefret dolu İslâm karşıtı polemik, günümüzün bakış açısından ne kadar tiksindirici de olsa, Georgievits'in Türkler ile ilgili yazılarını kaleme aldığı dönemin genel düşünce ortamı hakkında ipuçları veriyor.

Kitabın 1544 tarihli ilk basımında olduğu gibi, elinizdeki baskı da harf harf, satır satır el dizgisi tekniğiyle dizildi. Yazım ve noktalama işaretlerine varıncaya dek ilk basıma sadık kalınmaya çalışıldı. Metin düzenlemesiyle ilgili ayrıntılar ek kitapçıktaki «yayına hazırlayanın notlarında» ele alınmıştır. Lâtince aslı ile Almanca ve Türkçe çevirilerin metinsel bütünlüğünü koruma kaygısıyla, dipnotlarına da metin üzerinde değil, ek kitapçıkta yer verilmiştir.

Reinhard Klockow

NE ARARSAN
KENDİNDE ARA BEKTAŞİ

BARTHOLOMAEVS

Deus Israel dux eius
fuit, & non erat cum
eo Deus alienus. Ps.

piſti dñe vincula mea, tibi ſacri

Diſru

ficabo hoſtiã laudis.

(margin left, vertical) HIEROSOLYMITANVS.

(margin right, vertical) GEORGIEVITS

(margin bottom, inverted) PEREGRINVS

ꙮ Bartholomæi

GEORGII PANNONII

De ritibus & differentijs Græcorum & Ar-
meniorum: tum etiam de captiuitate illius,
de cæremonijs Hierosolymitano-
rum in die Paschatis ce-
lebrandis libellus.

Additis nonnullis uocabulis & salu-
tationibus in lingua uernacula
Hungarica sua, cum inter-
pretatione latina.

Cum priuilegio Cæsareæ Maiestatis
ad Biennium.

TOTA LEX.

Ἐκκλινον ἀπὸ κακῦ, καὶ
πόιησον ἀγαθόν.

Declina a malo, &
fac bonum. Pſal 33.

PANONYALI

Bartholomaeus

GEORGİUS

Rum ve Ermenilerin dini âdetleri ve aralarındaki
farklılıklar, ayrıca kendisinin tutsaklığı ve
Kudüs'te Paskalya gününde yapılan
törenler üzerine bir risale.

Anadili olan Macarca bazı kelimeler ve selâm
biçimleri eklenmiş ve bunların Lâtince
karşılıkları da verilmiştir.

İki yıl süreli imparatorluk
imtiyazı ile.

Cimbri Arhuſienſis, publici lectoris Græci,
in libellum hunc Bartholomæi
Hungari ſui amiciſſimi.

Si modo Pythagoras laudetur ob oppida uiſa,
  Regna, urbes paucas, & peragrata loca.
Magnus Ariſtocles, humeris Plato dictus ab altis.
  Si meruit laudes ob loca uiſa ſibi.
Si meruit prudens, ſimulac facundus Vlyſſes
  Laudari ſcriptis multus Homere, tuis.
Magne tuis idem celebrari ſi βασίλειε
  Commeruit dictis iugiter, atque libris.
Quod mores hominum multorum uidit, & urbes
  Vt ceciniſtis enim comptius ambo libris.
Siue Solon ſapiens, Saba ſeu regina uetuſta,
  Scriptis ſint meriti, carmine, laude uehi.
Denique ſi meritis Mithridates rex Polygloſſos
  Dignus & attolli laudibus aſſiduis.
Quò magis hic iſtis uenerandus Bartholomæus
  Hungarus, ac noſter ſuſpiciendus erit?
Quippe locos plures, multò quia uidit, & urbes
  His perluſtrauit oppida plura ſimul.
                              Euphratem,

RESMİ BERATLI YUNAN DİLİ ÖĞRETMENİ ARHUS KENTİNDEN DANİMARKALI JACOBUS JASPARİDANUS'TAN, AZİZ DOSTU MACARİSTANLI BARTHOLOMAEUS'UN BU RİSALESİ HAKKINDA

Eğer Pythagoras, ziyaret ettiği kentler, yolunun düştüğü krallıklar, gezip gördüğü az sayıdaki metropol ve yöreler nedeniyle takdir ediliyorsa; eğer omuzlarının genişliği dolayısıyla Plato diye de adlandırılan Aristokles dolaştığı ülkeler nedeniyle şöhrete ulaşmışsa; eğer akıllı ve bir o kadar da hitabet sanatına vakıf gezgin ruhlu Odysseus senin eserlerinde övülmeyi hakketmişse, ey Homer; ve aynı Odysseus, ey ulu kral Magnes, her ikinizin de kitaplarınızda sanatkâr yetkinliğinizle destanlar düzdüğünüz gibi sayısız kavimlerin örf ve adetlerini gördüğü ve birçok kenti ziyaret ettiği için senin sözlerinde ve eserlerinde sürekli olarak övülmeye değer bulunuyorsa; eğer bilge Solon ve Seba Melikesi yazılarda, şiirlerde, methiyelerde övgü buluyorlarsa ve eğer birçok dile vakıf Kral Mithridates gösterdiği yararlıklar nedeniyle haklı olarak herkes tarafından takdir ediliyor ve hakkında bitmez tükenmez övgüler düzülmeye lâyık görülüyorsa: Hepsinin gezdiğinden çok daha fazla yeri gezen, hepsinin ziyaret ettiğinden çok daha fazla sayıda büyüklü küçüklü şehri ziyaret eden saygıdeğer Macaristanlı Bartholomaeus'umuza bütün bu sayılanlardan çok daha fazla hayranlık duyulması gerekmez mi? Fırat'ı, Dicle'yi,

Euphratem, Tigrim, Nilum, Babylonaque uidit,
   Ac Solymas arces uidit, & Armenios.
Vis ne fidem dictis faciam, quod plura uideret,
   Orbem Chriſtiadúm, poſt ea penè uidens?
Et didicit linguas iam plures is Mithridate,
   Dignus in hic aula Carole quinte, tua eſt.
Conditione bona digniſſimus eſſet, & ampla,
   Præbuit hanc nuper quam tuus hoſtis ei,
Te propter renuit conſtans: propterque ſororem
   Reginam Mariam, fidus utrique manens.

IACOBVS SYLVIVS
Lectori.

Si iuuat ambiguos Lector cognoſcere caſus
   Fortunæ, & ueris ingemuiſſe malis.
Hunc lege, qui paruo miſeranda exempla libello
   Exhibet, & coràm quæ tulit, ipſe refert.
Turcarum ſæuis hic preſſus colla catenis,
   Seſe auſus duro eſt ſubtrahere ipſe iugo.
Dumque fugit dominos crudeleis, aſpera multa
   Pertulit. Hic legitur fabula nulla tibi.

IN LIBELLVM

Dicle'yi, Nil'i ve Kahire'yi görmüşse, Kudüs'ün mazgal dişlerini, Ermeniler'i görmüşse, bu gördükleriyle yetinmeyip, ardından hemen hemen tüm Hıristiyan dünyayı da gezip dolaşmışsa, üstüne üstlük, meşhur Mithridates'in bildiğinden daha fazla dili öğrenmişse, güven duyulmayı hakketmiş olmaz mı? Tam senin maiyetinde görevlendirilmeye lâyık biri o, ey Beşinci Karl. Sorumluluk gerektiren ve dolgun ücretli bir göreve getirilmek için birebir. Böyle bir görev kısa bir süre önce senin düşmanın tarafından kendisine sunuldu. Ama o, seni ve kızkardeşin Kraliçe Maria'yı düşünerek bunu reddetti ve sizlere olan sadakatini korudu.

JACOBUS SYLVİUS'DAN
OKURA

Ey okur, eğer kaderin cilvelerini öğrenmekten ve gerçekten yaşanmış acılara göğüs geçirmekten haz duymak istiyorsan, yazdığı risalede iç parçalayan örnekler veren ve çektiği ezaları kendi ağzından dünya âleme anlatan bu yazarı oku. Boynu, Türkler'in gaddar zincirlerinin ağırlığı altında bükülmüş bu adam, kendi imkânlarıyla boyunduruğundan kurtulmayı göze almış ve acımasız efendilerinden kaçarken başına gelmedik kalmamış. Okuyacakların masal değil.

KUDÜS

IN LIBELLVM BARTHOLOMÆI
Georgij, P. H.

Quòd uarios homines, uarias quòd uiderit urbeis
    Neritij nomen, notaque fama ducis.
Raptus at à Turcis in uincula Bartholomæus,
    Neritio errauit per loca plura, duce.
Hic Aſianorum, atque Arabum diſtractus in oras,
    Quæ tulit, eſt teſtis dura πενεία *comes.*
Ille Ithacen inter iactatus, & Ilion inter,
    Clarior ingenio eſt factus Homere, tuo.
Hic maris & terræ diſcrimina maxima ſenſit,
    Ille ſed expertus ſola pericla maris.
Hunc Mahumetæus prenſans canis ore minaci
    Eſſe canem uoluit, noluit eſſe canis.
Illius at ſocijs in monſtra latrantia uerſis,
    Circæis Philtris forma canina manet.
Impia Turcarum fugeret dum regna, reuerſus
    Europam hic tandem, numine Chriſte, tuo.
Sed Pallas, malus, cera, à Syrenibus illum
    Iuuit, & auſpicibus flatibus acta ratis.
Quid multa? hic dignus, celebret quem muſa Ma-
    Mæonij uatis dignus & ore cani.   (ronis,*

                               Aliud

KUDÜS HACISI BARTHOLOMAEUS
GEORGİİ'NİN RİSALESİ ÜZERİNE

Pek çok insanla tanışmış, pek çok şehir görmüş olduğu için, İthakalı komutanın adı ve efsaneleri herkesin malumudur. Ama Türkler'in zincirlediği Bartholomaeus'un bilinmeze yolculuğu, İthakalı komutandan çok daha fazla ülkeye götürmüştür onu. Asya ve Arabistan diyarlarında bir o yana, bir bu yana sürüklenirken çektiği acıların şahidi, onu bir an olsun yalnız bırakmayan sadık yoldaşı yoksulluk olmuştur. İthaka ile İlion arasında oradan oraya savrulanı, dehanla tanıttın hemen hemen herkese, ey Homer. Birisi hem karada hem de denizde en büyük müşkülatla karşı karşıya kalmış, diğeri ise yalnızca denizin tehlikelerini yaşamış. Muhammedi köpek, tehditkâr çenesiyle kapıp, onu da köpekleştirmek istemiş ama o direnmiş. Diğerinin yol arkadaşları ise havlayan canavarlara çevrildiklerinde, Kirke'nin iksirleri sayesinde köpek cisminde kalmışlar. O, Türkler'in tanrıtanımaz imparatorluğundan kaçıp sonunda Avrupa'ya geri dönebilmiş, sen öyle istedin diye ey İsa. Diğeri ise Pallas Athene'ye, yelken direğine, Sirenler'in balmumuna ve gemisine yol kazandıran müsait rüzgârlara borçlu kurtuluşunu. Fazla söze ne gerek? Virgil'in ilham perisiyle övülmeyi, Homer'in sözcükleriyle destanlara konu olmayı hakketmiş o da.

BARTHOLOMAEUS

Aliud ad eundem.

Vt Plato Barbatus luſtrarit plurima, doƈto
  Hungare luſtraſti plura Platone ſagax.
Multa Stagyrites, quæ ſunt miranda, reliquit:
  Tu profers magnos quæ latuere Sophos.
Plurima ſunt Plini, ſunt Claudi, ſuntque Strabonis
  Atque Melæ ſcripta, hæc ſed monimenta noua.
Multa etiam referunt Egnatius atque Philelphus,
  Multaque cum Iouio Cuſpiniane refers.
Turcarum at cultum & mores ſic pingis, ut illi
  Nil referant ſcripta ad Bartholomæe, tua.
Addis & iſtorum linguas, nec grammata omittis,
  Quæ doƈtos fallunt, hac regione uiros.

BARTHOLOMAEUS HAKKINDA BİR BAŞKA ŞİİR

Sakallı Plato da çok yer gezip gördü. Ama sen, ey keskin zekâlı Macar, sen bilge Plato'dan da çok ülkeyi gezip gördün. Stagiralı Aristoteles arkasında hayranlık uyandıran çok sayıda eser bıraktı. Ama sen, sen ulu bilgeler için dahi kapalı kapılar ardında kalan şeyleri tanıtıyorsun. Plinius'un, Claudius'un, Strabo'nun ve Mela'nın çok sayıda eseri var. Ama senin burada anlattıkların, yepyeni ufuklar açıyor. Egnatius ve Philelphus da çok şeyler anlatmış, sen de Cuspinian, çok şeyler anlatmışsın Giovio ile birlikte. Ama ey Bartholomaeus sen, sen Türkler'in adet ve törelerini öyle tasvir etmişsin ki, bu saydıklarımın eserleri seninkinin yanında gölgede kalmış. Çeşitli kavimlerin dilleri hakkında bilgi vermeyi ve buradaki bilginlerin varlığından dahi haberdar olmadıkları yazılı belgeleri anmayı da ihmal etmemişsin.

ORNATISSIMO AC REVE-
rendo uiro, D. PHILIPPO de Le-
ſpinoy, Præpoſito Eccleſiæ Colle-
giata diuæ Pharaildis Gan-
denſis Bartholomæus Ge-
orgius Peregrinus
Hieroſolymitanus Salutem Dicit

OC *Boni mihi peperit mea ſeruitus*
eruditiſsime uir, quod me per uaria
loca & prouincias horſum illorſum,
quaſi pilam, iactauit: non enim
minus rituum ingeniorum, morumque cognoui quàm
mala perpeſſus ſum, quæ ideo libuit ſcribere, ut ij
quos fortuna abſtrahet à talibus malis, miſericordia
proſequantur eos, quos tempeſtas in eam calami-
tatem abripuerit: & ut ij, quos ſimile naufragium
demerſit, habeant ex ſcriptis meis aliquid conſilij,
quo utantur. Id autem libelli, uir omni humanitate
excellentiſsime, tibi conſecrandum exiſtimaui, quo
teſtarer me, ut nullam habeo facultatem repen-
ſandorum beneficiorum, quæ in me contuliſti, ita
animum habere longè gratiſsimum: & qui ut in
recordatione

GENT KENTİNDEKİ AZİZ PHARAİLDİS
VAKIF KİLİSESİ BAŞRAHİBİ PEK
MUHTEREM VE DEĞERLİ
EFENDİMİZ PHİLİPP LESPİNOY'A
KUDÜS HACISI
BARTHOLOMAEUS GEORGİUS'UN
SELÂMLARIYLA

Derin bilgili Efendim, beni fırtınaya tutulmuş bir gemi gibi ülkeden ülkeye, eyaletten eyalete savuran esaretim boyunca, o ülkelerdeki ahalinin töreleri, mizacı ve örf ve adeti hakkında öğrendiklerim, çekmek zorunda kaldığım ezadan az değildi. Bunları kaleme almak isteyişimin nedeni, bir yandan kaderinde böyle acılar yazmayanların, felaket fırtınasına yakalanmışlara merhametle yaklaşmalarını sağlamak, öte yandan da benzer bir girdaba sürüklenmiş olanların yazdıklarımdan kendi durumları için yararlı öğütler çıkarabilecek olmaları. Bu kitapçığı, her alandaki bilgisi ve merhameti ile temayüz eden size ithaf etmek ve şunu vurgulamak istiyorum: Her ne kadar bana gösterdiğiniz iyiliklerin karşılığını vermekten aciz isem de, şahsınıza karşı en minettar hislere sahibim. Bana gösterdiğiniz iyilikler her aklıma

recordatione tuæ beneuolentiæ plurimum exhilara-
tur, ita plurimum dolet quòd præter hanc signifi-
cationem gratitudinis, quæ in leui officio in-
scribendi libelli consistit, nullam aliam
inuenire potest. Sed tu pro humanitate
nugas tui clientis non illibenti
aut iniquo animo recipies.
Vale Louanij Idibus Martis.

aklıma geldiğinde içim sevinç doluyor, öte yandan şükran duygularımın bir ifadesi olarak bu kitapçığı size ithaf etmenin dışında başka bir yol bulamamış olmak da bana aynı derecede acı veriyor. Ama bilgeliğinize ve merhametinize sığınarak, hizmetkârınızın böyle küçük girişimlerini geri çevirmeyeceğinizi ve yersiz bulmayacağınızı umuyorum.

Sağlıcakla kalınız.   Löwen, 15 Mart

QVOMODO CAPTIVVS
deductus in Turciam.

OST aliquot annos ab expugnatione Albæ regalis, quam Sclauonicè, Belgradum: Hungaricè, Feiruar appellant: cum Solymannus traiecto Danubio cum Ludouico rege Hungariæ in campis Mohatſmezucis, fœliciter dimicaſſet, uictoria potius fraude, quàm uiribus parta, ut ferme omnia illius, noſtrique aut in prælio abſumpti, aut in paludibus ſubmerſi erant: inter reliquos captiuos quorum pars minima fuit, ego quoque unus extiti: amor enim me mei Mœcenatis, Epiſcopi Strigonienſis aduleſcentem etiamnum, in bellum pertraxit: quo occiſo, cum reliquis captiuis per aſpera & montoſa loca, nunc nudis pedibus, nunc unica ſolea ima ueſtigia tantummodo prætegente, ducebar: quam ſuperne tenijs reuinciunt, ipſi ſua lingua Tſaroch dicunt: manus autem mihi in tergum retortæ, & ne uel motus ullus liber à tergo eſſet, baculum tranſuerſum per dorſum inter cubitos inſerebant, ea res magis uinctum quàm nodi cruciabant. Veſperi nihil ex uinculis alleuantes, pedes quoque conſtringebant,

ESİR OLARAK
TÜRKİYE'YE GÖTÜRÜLÜŞÜM

Slavca Belgrad, Macarca Feiruar diye adlandırılan Alba Regalis'in fethinden birkaç yıl sonra Tuna'yı aşan Solyman, Mohaç Meydan Muharebesi'nde Macar kralı Ludwig'e karşı savaşmış ve galip gelmişti. Hemen hemen diğer bütün başarılarında olduğu gibi, bu kez de askeri gücünden çok sinsiliği sayesinde ulaşmıştı bu başarıya. Bizimkiler ya savaş alanında can vermiş ya da bataklıklarda ölmüşlerdi. Geriye kalan pek az sayıdaki esirin arasında, yapayalnız bırakılmış bir halde ben de bulunuyordum. Velinimetim Estergon Piskoposu'na duyduğum sevgi, henüz çocuk denecek yaşta olmama rağmen kendisiyle birlikte sefere katılmama yol açmıştı. Velinimetim savaşta can vermişti. Böylece diğer üsera ile birlikte kâh yalınayak, kâh ayaklarımızda kendi dillerinde Tsaroch dedikleri, yalnızca tabanları koruyan ve bağcıklarla ayağa bağlanan sandaletler olduğu halde taşlı dağlık bölgelere sürdüler bizi. Ellerimi geriye kıvırmışlar ve arkaya doğru en ufak hareket özgürlüğümü dahi önlemek için, sırtıma dirseklerimin arasından geçecek şekilde enlemesine bir sopa bağlamışlardı. Sopanın kendisi, bağladıkları ipin düğümlerinden de fazla eziyet veriyordu. Akşam olunca düğümleri kesinlikle gevşetmedikleri gibi, ayaklarımızı da bağlıyorlardı.

stringebant, ita fiebat ut nox non nisi lamentis &
eiulationibus traduceretur, id quod illi libentißime
audiunt: credunt enim in silentio captiuos excußis
uinculis, aufugiße: quamobrem quandiu audiunt
complorationes, iacturam mancipiorum non formi-
dant, ita per septem dies miserrime habitus sum:
quòdsi quando equitantis domini cursum adæquare
non poteram, funibus ab ephippio ad meas ceruices
religatis, circumraptabar. Postquàm autem ad mangones deductus eram, qui procul à prælio consti-
terant, à quibus in Macedoniam deductus, in ciui-
tatem ipsorum lingua Gallibol dictam, ibi quidam
apostata, qui à nostra fide defecerat, quærit num
aquas diuendere nossem: Aio me in ea re artificem
esse, malebam enim sub nouo domino periclitari,
quàm sub mangone certò perire: is me emit quadra-
ginta ducatis, sed ea lege, ut si eius rei de qua me
iactaueram imperitus essem, mancipium redhiberet.
Vendendæ autem aquæ ea est ratio. Asinus hinc
inde duobus utribus aquæ oneratur, agaso aquam
uenalem uicatim proclamat, precium pro certa men-
sura colligit. Emptus igitur, ad fontes unde aqua
haurienda, à domino deducor, commonstrantur
                                                    ædes

bağlıyorlardı. Bu şartlar altında bütün geceyi iniltiler ve feryatlar içerisinde geçiriyorduk. Ses çıkmazsa, tutsakların bağlarını çözüp kaçmış olabileceklerinden endişe ediyorlardı. Bu yüzden iniltilerimizi duymaktan gayet memnun oluyorlardı. İniltileri duydukları sürece, kölelerin kaçmış olmasından endişe etmelerine gerek kalmıyordu. İlk yedi günü bu şartlar altında pek perişan bir halde geçirdim. Atının sırtında yol alan efendime ayak uyduramayacak olduğumda, eğere bağladıkları bir ipi boynuma geçiriyor ve atın arkasından sürüklüyorlardı beni. Savaş meydanına uzak bir yörede bekleyen köle tacirleri beni teslim aldıktan sonra, Makedonya'ya, kendi dillerinde Gallibol dedikleri bir kente götürdüler. Dinimizden çıkmış bir dönme, sakalıktan anlayıp anlamadığımı sordu orada. Köle tacirlerinin elinde kaçınılmaz surette ölmektense, yeni bir efendinin hizmetinde zorluklara katlanmayı tercih ettiğimden, bu işin uzmanı olduğumu söyledim. Sonuçta, kırk duka altını karşılığında satın aldı beni. Ama, kendimi pazarlarken elimden geldiğini öne sürdüğüm işlerden anlamadığım ortaya çıkarsa, köleyi (yani beni) iade etme hakkını mahfuz tutmayı da ihmal etmedi. Sakalık şöyle yapılır: Bir merkebin sırtına her iki yönden sarkacak biçimde su tulumları yüklenir. Saka, sokak sokak dolaşıp çığırtkanlık yaparak müşteri arar. Müşteriye suyu ölçüyle verip, satılan suyun miktarına göre ücret tahsil eder. Efendim beni satın aldıktan sonra, su çekmem gereken kuyuya götürdü önce. Ardından da, suyu özellikle götürmem gereken evleri gösterdi.

ædes in quas potißimum aquam uenalem depor-
tarem. Miferè principiò fuccedebat, tandem ali-
quantò melius artem tractaui. Vbi iam cœperam
de hoc miniſterio domino placere, initur pactum
inter nos, ut ſi ex illis lucellis triplum corraderem,
quàm pro meo capite datum fuit, liber abirem cum
ipſis utribus: placebat conditio, ac iam inde ad quæ-
ſtum attentißimus fui. Cæterum ubi me comperiſſet
ritus & feſtos dies Chriſtianos obferuare, timens
fugam mangonibus reddidit, qui ultra Hellefpon-
tum in Bruſiam deductum, ad paſcendas oues Cara-
manis tradiderunt: ibi cum pedo oues pulſarem,
ſtatim intellexit me dominus nihil paſtoriæ artis
cognoſcere, minatus eſt me ad uenditores reportare,
nam ea lege emerat, ut ſi ei inutilis eſſem, liceret
emptionem reſcindere, & precium recuperare, uerum
ubi reſpondiſſem me in paſcendis ouibus ritum meæ
patriæ ſecutum fuiſſe, ignouit, & mores eius regionis oſtendit: mox ubi cognouiſſet ex alijs paſto-
ribus conſeruis meis, me in cortice arboris nomina
regionum annotauiſſe, ſuſpicatus conſilium fugæ
utribus me mercatoribus reſtituit. Poſtquam iam
tertiò ad eoſdem mangones quaſi mala merx red-
ijſſem,

gösterdi. İşler başlangıçta çok kötü gitti, ama zamanla bu zanaatı iyi kötü öğrendim. Çalışmamla yavaş yavaş efendimin gözüne girmeye başlayınca, şöyle bir anlaşma yaptık: Su satışından elde ettiğim ufak tefek gelirin toplamı, efendimin beni satın almak için ödediği ücretin üç katına ulaştığında azat edilecektim ve su tulumları da benim olacaktı. Bu şartlar kafama yattı ve o günden başlayarak var gücümle para kazanmaya çalıştım. Ama bir müddet sonra, hala Hıristiyan törelerine bağlı kaldığım ve yortuları kutladığım efendimin kulağına gittiğinde, kendisinden kaçabileceğimden korktu ve beni köle tacirlerine iade etti.

Köle tacirleri beni Hellespont üzerinden Brusia'ya götürüp, koyun çobanı olarak Karamanlı birilerine sattı. Günün birinde koyunlarını çoban değneğimle dövdüğümü gören efendim, çobanlıkla uzaktan yakından alâkam olmadığını hemen anladı ve beni tacirlere iade etmekle tehdit etti. İşe yaramadığım anlaşılacak olursa, satış işlemini iptal edip, ödediği parayı geri alabilme şartıyla satın almıştı beni. Koyunları kendi memleketimden bildiğim adetlere göre güttüğüm şeklinde karşılık verince beni bağışladı ve bu işin o yörede nasıl yapıldığını gösterdi. Ama kısa bir süre sonra, benim gibi köle olan diğer çobanlardan, yakın çevredeki bölgelerin adlarını ağaç kabuklarının üzerine not ettiğimi öğrendiğinde, kaçış planları yaptığımdan kuşkulanıp, önceki köle tacirlerine iade etti beni.

Tapon

ijſſem, expoſtularunt mecum quod malæ frugis
eſſem, adiectis minis niſi melius me gererem, fame
& ſiti in ergaſtulo periturum eſſe. Dixi me oppreſ-
ſum eſſe calumnijs, alioquin me officio frugi ſerui
non defuiſſe. Vendor igitur denuò ut opilionem
agerem, maiori precio nimirum quinquaginta ducatis: & rem iam collecta arte dexterius tractaui, &
omnino peritiam literarum diſſimulaui, una cum
cultu Chriſtiano: ubi in ſolitudine eram, liberrime
preces ad Deum fudi. Verum ubi comedendum
erat, ijs diebus quibus ieiunia Chriſtiani ſeruant,
ægrotum me finxi, ut abſtinentia ciborum, non
religionis, ſed morbi uideretur. Sed quia ſoli
domini tentoria habent quæ de loco in locum
transferunt: ſerui autem ſub dio cubant, ſæpe
uel obrutus niue, uel pluuia madidus, hybernas
noctes toleraui, ſæpe non minus uliginis infrà
corpus, quàm ſuperne niuium ſuſtinens, nam
ubi deſunt frondes, nudæ telluri incubandum eſt.
Hanc miſeriam ſeptem menſibus tuli, omnia tamen
malens, quàm ad mangones tam infœliciter me
uenditantes reuerti.

Acceſſere

Tapon bir mal gibi üçüncü kez kendilerine iade edilince, hiçbir baltaya sap olmaz biri olduğum için sigaya çekti beni tacirler. Kendime çeki düzen vermezsem, bir zindana atıp açlık ve susuzluktan ölüme terketmekle tehdit ettiler. İftira kurbanı olduğum, ayrıca uysal bir kölenin yerine getirmesi gereken görevleri de hiçbir zaman ihmal etmediğim yanıtını verdim. Sonuçta gene çoban olarak satıldım, hem de bu kez daha yüksek fiyata, tam elli duka altınına. Bu arada işi öğrenmiştim ve daha becerikli davranıyordum. Okuma yazma bildiğimi itinayla gizliyordum, Hıristiyan inancı gereğince yerine getirdiğim dini vecibeleri de. Tanrı'ya dualarımın, sadece yapayalnız olduğum anlarda dudaklarımdan dökülmesine dikkat ediyordum. Hıristiyanların oruç tutmaları gereken günlerde, hastaymışım gibi yapıyordum. Böylece yemek yemekten imtina etmemin dini nedenlere değil de, sağlık nedenlerine dayandığı izlenimini veriyordum. Sadece efendilerin, bir yerden başka yere gidildiğinde beraberlerinde götürdükleri çadırları vardı, köleler ise açık havada yatmak zorundaydılar. Bu yüzden kış gecelerini çoğu zaman karla örtülmüş ya da yağmurdan sırılsıklam olmuş bir şekilde geçiriyordum. Altımda kimi geceler, üstümü kaplayan kar kadar çamur oluyordu. Çünkü alta serilecek yaprak bulunamadığında, çıplak toprağın üzerinde yatılması gerekiyordu. Bu sefaleti yedi ay çektim. Herşeye rağmen, beni bu denli talihsizce tekrar tekrar satmak zorunda kalan tacirlerin eline yeniden düşmektense, halime şükrediyordum. Bunlara

29

Acceſſere & aliæ ærumnæ, nam & li-
gnandum erat pro dcminis, & lauandum, &
nendum, uſque in mediam noctem muliebri more,
ac pro tantis laboribus exiguum quiddam pul-
menti eſitandum. Iam ueterator factus eram &
domini bona in peculium interuertebam, erat in
proximo quidam Saracenus publicus totius ciuitatis
paſtor, huic de meo grege multa corpora uendebam,
circiter uiginti, partim precio, partim ut aſſatarum
carnium particeps eſſem, à quibus religioſius herus
me uolebat abſtinere, quàm Carthuſianum, hac pe-
cuniola fugam inſtruens, ſed hoc non licuit ſub hoc
domino, qui prius mortuus eſt quàm fugam tenta-
rem. Mortuo igitur domino, in alterius poteſtatem
tranſii: cæterum ut ditioris, ita multò auarioris:
inter reliqua ſeruitia fuit quidam Alemannus patria
Viennenſis, huic ſocius adiunctus ſum in curandis
gregibus, ſed ego nactus conſeruum ex animi ſen-
tentia, ſtatim cum eo de fuga conſultabam, pecu-
niolam quam furtim corraſeram, expendi in emenda
ſecuri, ſale, funibus, alijſque ferramentis, ad ex-
cutiendum ignem idoneis: hæc enim neceſſaria in-
ſtrumenta ſunt ad moliendam fugam, eius rei nobis
emendæ

Bunlara başka eziyetler de ekleniyordu. Efendiler için odun toplamak, çamaşır yıkamak ve geceyarılarına kadar kadınlar gibi kumaş dokumak lâzımdı. Bütün bu zahmetin karşılığı ise, avuç içi kadar lâpa oluyordu. Zamanla işin kurdu olmuş ve efendimin servetinin bir kısmını kendi cebime indirmeye başlamıştım. Komşularımızdan Mağripli bir Arap mezranın tamamının çobanıydı. Bana emanet edilen sürünün içinden yirmi baş kadar hayvanı kısmen para, kısmen de efendimin beni bir Chartreux keşişi kararlılığıyla uzak tutmaya çalıştığı kızarmış et karşılığında bu Mağripli'ye sattım. Bu yoldan ufak ufak biriktirdiğim parayla kaçışımı hazırlıyordum. Fakat efendimin kaçış teşebbüsümden önce ölmesiyle, bu planımı gerçekleştirme fırsatını bulamayacaktım. Efendimin ölümünden sonra, çok daha varlıklı, o denli de cimri yeni bir efendinin eline düştüm. Köleleri arasında bulunan Viyanalı bir Alman'ın yanına koyun gütmem için verdiler beni. Bu kez tam gönlüme göre bir esaret arkadaşı bulmuştum kendime. Vakit geçirmeden kaçış planları yapmaya koyulduk. Dişimden tırnağımdan arttırarak gizlice biriktirdiğim az biraz parayı, bir balta, tuz, urgan ve ateş yakmak için gerekli başka demir edavat satın almak için kullandım. Kaçış planımızı gerçekleştirmek için bu malzemeye

emendæ copiam fecit quidam Calaber, qui feruitu-
tem exuerat: noctu igitur fuga incepta est. Cæterum
dum uitamus omnium hominum frequentiam, nouem
diebus in folitudine erratum est: Tandem uenimus
ad mare Hellesponticum, ibi materia cæsa, &

funibus colligata, ratem facimus, quicquid erat
uestium pro uelo expanditur, ac iam dimidium
itineris emensi eramus, cum uentus cœpit ex aduer-
so

malzemeye ihtiyacımız olacaktı. Bu malzemeyi, azat edilmiş bir Kalabriyalı'nın yardımıyla edinebilmiştik. Fırsatını bulduğumuz bir gece kaçtık. Her türlü kalabalıktan uzak durmaya çalıştığımız için dokuz gün boyunca ıssız yerlerde dönüp dolaştıktan sonra nihayet Hellespont'a vardık. Kestiğimiz ağaçların gövdelerini urganla birbirine bağlayıp bir sal yaptık. Üzerimizdeki bütün giysileri de, yelken niyetine kullandık. Yolun yarısına ulaşmıştık ki, rüzgârın yönü değişti.

ſo flare, atque inde factum ut in ea iactatione &
à luce & à Turcis Conſtantinopolim nauigantibus,
deprehenſi ſimus, ac uincti in carcerem recludere-
mur, ibidemque detenti ſumus tribus menſibus,
donec ab hero ſuperueniente agnoſceremur. Fruſtra
igitur ſuſcepta tanta molitione, rogaui dominum ut
me uel uenderet uel occideret, ne denuò in eum pec-
carem, me enim eſſe tali ingenio, ut ad primam
quanque occaſionem non eſſem omiſſurus fugæ conſilium. Ille ut erat auarus, ne morte mea precium
quod pro meo capite dederat, amitteret, uenum
producit, idque per multos dies fruſtra, magno
enim me emerat, & uix tantidem potuit reuendere,
nimirum quinquaginta ſeptem ducatis: inuentus
eſt tandem agricola qui id precij daret, mox abdu-
cor ad rus colendum, arabat in proximo herus ut
mihi formam colendi edoceret, commonſtrato ali-
quandiu exemplo, ob quædam negocia ad mille
fermè paſſus inde diſceſſit, iniuncta mihi certa
menſura arandi agri, interminatus dira, niſi eam
operam abſoluerem. Cæterum appetente meridie
boues feruore æſtuantes, ad proximum fluuium cum
aratro contendunt. Ibi dum renitor ne abeant, &
rurſum

değişti. O halimizle sallanıp dururken, gün ışığına ve Konstantinopolis'e doğru yol alan bir Türk gemisine gafil avlandık. Zincire vurulup zindana atıldık ve efendimiz gelip bizi teşhis edinceye kadar üç ay orada kaldık. Bütün bu zahmete boşu boşuna katlanmıştım. Efendime, karakterim itibarıyla olimc geçen ilk fırsatta yeniden kaçmaya teşebbüs etmemin kaçınılmaz olduğunu söyledim ve, kendisine yeniden ihanet etmemem için beni ya satmasını ya da canımı almasını diledim ondan. Ölürsem, beni satın almak için ödediği paranın boşa gideceğini bilen cimri efendim tarafından satışa çıkartıldıysam da, günlerce alıcı çıkmadı. Kendisine pahalıya mal olmuştum ve benim için ödediği 57 duka altını verecek müşteri bulması güçtü. Sonunda bu fiyatı ödemeyi kabullenen bir çiftçi çıktı. Kısa bir süre sonra da, rençberlik yapmak üzere alınıp götürüldüm. Efendim, tarımişlerinin nasıl yapılacağını öğretmek için yanıbaşımda çift sürüyordu. Bir süre bana işi gösterdikten sonra, kendi işlerini görmek için bin adım kadar uzaklaştı. Gitmeden önce de, belirli bir alanı sürmemi tembihleyip, işi vaktinde bitiremediğim takdirde başıma gelecekleri hatırlatmayı ihmal etmedi. Vakit öğleye geliyordu ve sıcaktan terleyen öküzler peşlerindeki sabanla birlikte yakındaki dereye doğru çekiştirip duruyorlardı. Vücudumun ağırlığıyla öküzlere yaslanıp bütün gücümle dereye gitmelerini önlemeye çabalarken epeyce

rur*ſum ſumma ui à flumine reduco, plurimum tem-
poris abijt, nec iam opera abſolui poterat, quamobrem impatientius boues ſtimulo, quorum alter
ſiniſtra fortuna in uomerem impegit, & ex uulnere
mutilatus cepit animam agere, inops conſilij, herilem
iram permetuens, qui longè habebat chariorem bouem
ſuum quàm me, fugam intendo: ſed herus ſubito
reuerſus fugienti inſtat, BRE TVT GIAVRI:
id eſt, apprehende Chriſtianum, clamans: ſed nemo
omnium*

ebeyce zaman kaybetmiştim. Efendimin verdiği işi bitiremeyecektim. Bu yüzden öküzleri sabırsızca kamçılamaya başladım. Öküzlerden biri dengesini kaybedip kötü talih eseri sabanın sivri ucunun üzerine düştü. Bir süre sonra da, aldığı ağır yaralar nedeniyle can çekişmeye başladı. Ne yapacağımı şaşırmıştım. Öküzüne benden çok daha fazla kıymet veren efendimin gazabından korktuğum için kaçmaya koyuldum. Tam o sırada geri dönmüş bulunan efendim de peşime takılıp, kovalamaya başladı. Bir yandan da «bre tut giaru», yani «tutun şu Hıristiyan'ı» diye bağırıyordu. Ama çevredekilerin hiçbiri ona

omnium quos prætercurrebam eam ei gratiam fecit,
quin contrà me animabant ad fugam: tandem ad
flumen uentum eſt, in id me deijcio, cum ſtimulo
quem geſtaui: uix tandem enataui ad alteram
ripam, ibi herum expectaui cum ſtimulo, ut eum
tranſnantem in primo appulſu terræ occiderem, ſed
ille cautior cepit impunitatem promittere ſi redirem,
ego reſpondi me ad ueterem herum iturum, unde
me emerat, ne illi ſui nummi perirent, nam elabendi
in illis locis nulla omnino ſpes affulgebat. Redij
igitur ad ueterem dominum, cui miranti cauſſas
fugæ, & inſortunia mea expoſui: ſuperuenit paulò
poſt recens dominus, cui precium renumeratum eſt,
nam ædilitijs legibus me emerat, ut probam mercem
& nullius uitij, aut fugæ ſtudioſum. Mox arctiſſime
colligatus ad aliud emporium aſportor, uendor
rurſus agricolæ, is quia humanior fuit, per quinque
annos ſub illius imperio uixi: quo tempore omnia
perdidici quæ ad agriculturam pertinent. Non
tamen in molli ſeruitute patriæ aut libertatis obli-
uiſci potui, nam me poſt quinquennium rurſum in
fugam conieci, ſed nullo ſucceſſu: retractus igitur
à domino, oraui ut me illi uenderet, cui opus eſſet
equiſone,

ona bu iyiliği yapmaya kalkışmadığı gibi, tamamı beni kaçmaya teşvik etti. Sonunda dereye ulaştım ve hâlâ elimde tuttuğum sığır sinirinden yapılmış kamçıyla birlikte suya attım kendimi. Yüze yüze güçlükle karşı kıyıya ulaşabildim. Karaya çıkınca, elimde kamçıyla efendimi beklemeye başladım. Eğer beni takip edip yüzerek dereyi geçmeye yeltenecek olsa, karaya ayak bastığı gibi döve döve öldürecektim efendimi. Ama temkinli davrandı ve geri dönecek olursam beni cezalandırmayacağına ikna etmeye koyuldu. Kendisinden önceki efendime geri dönmek istediğimi, böylece beni satın almak için ödediği paranın boşa gitmemiş olacağını söyledim. Çünkü kaçma planlarımı bu yörede gerçekleştirme umudum kalmamıştı hiç. Böylece eski efendimin yanına geri döndüm. Kaçış nedenimi ve başıma gelen talihsizlikleri anlattığımda az şaşırmadı eski efendim. Bir süre sonra yeni efendim de yanımıza geldi. Benim için ödediği ücret iade edildi kendisine. Ne de olsa, vasıflı ve içinde kaçma arzusu taşımayan kusursuz bir mal olduğuma dair resmi pazar kuralları uyarınca verilen teminata güvenerek satın almıştı beni. Bunun üzerine sımsıkı zincirlenmiş halde götürüldüğüm bir başka köle pazarında yine bir çiftçiye satıldım. Yeni efendim daha merhametli çıktığından, beş yıl boyunca hizmetinde yaşadım. Bu süre içinde çiftçilikle ilgili her şeyi öğrendim. Esaretimin göreceli olarak daha insani şartlarda geçen bu döneminde dahi, vatanım ve özgürlüğün tadı aklımdan çıkmadı hiç. Beş senenin sonunda başarısız bir kaçma teşebbüsünde bulundum. Efendim tarafından ele geçirildiğimde, beni seyis arayan birisine satmasını rica ettim.

equiſone, ibi inter licitatores primum obuius quidam
Satrapa Natoliæ, ſic enim nunc minorem Aſiam
appellant, is querebat ex me quam artem profiterer,
reſpondi ab ineunte ætate literis operam dediſſe,
prætereà ſcire nihil: ibi ille, ſi uis inquit Muſlu-
mannus fieri, ego te emptum curandis equis præfi-
ciam, omnes mei qui curant, circunciſi ſunt, nec fas
eſt quenquam incircunciſum ad bella producere:
reſpondi

ettim. Pazarda ilk olarak, Anadolulu — Küçük Asya'yı böyle adlandırıyorlar artık — bir sipahi alıcı oldu bana. Yanıma doğru gelip, mesleğimin ne olduğunu sordu. Gençliğimden beri bilimle uğraştığım, elimden başka bir iş gelmediği yanıtını verdim. Bunun üzerine şöyle dedi: «Müslüman olmayı kabul edersen seni satın alıp, seyisbaşım yaparım. Bütün seyislerim sünnetlidir ve sünnetsiz birisinin sefere götürülmesi

respondi me hactenus durissima ob religionem Chri-
stianam retinendam tolerauisse, & malle adhuc
duriora pati, quàm Dei cultum abnegare. Tum ille:
Atqui nos Deum colimus, credimusque tres saluti-
feros libros, TEVRIT, INGIL & ALCORA-
NVM, per tres Prophetas Moysen, Christum, &
Mahumetum mundo editos, eosque & ueracissimos
& principes prophetarum, & inter se pares digni-
tate, & summam mihi praeceptorum esse, ne alteri
iniuria fiat: ibi ego, si ueri sunt, cur non creditis
Christo quem ueracem profitemini? credimus inquit,
maximè, & facimus pro illius praeceptis. Qui
inquam potest fieri, cum Christianis tantas iniurias
irrogetis? an quia Christiani baptizati, uos circun-
cisi? ideo uobis in hominum numero non habentur?
Tum ille, nos sapius baptizamur, hæc uerba reci-
tantes, BISEM ALLAH ELRAHMAN EL-
RAHIM: id est, in nomine Dei & misericordiæ
& misericordiarum, nec hac parte à Christianis
differimus, sed quia eos idololatras credimus, seui-
tiem in eos exercemus, ut acerbitate malorum à tali
religione auocentur. Apud nos persuasum est, uos
tres deos colere, Deum, Christum, & Mariam: ibi
longa

götürülmesi yasaktır.» Hıristiyan dininden kopmamak için bugüne kadar büyük zorluklara göğüs germek zorunda kaldığımı, ibadetimden vazgeçmektense daha da büyük zorluklara katlanmayı yeğleyeceğimi söyledim. Cevabı şöyle oldu: «Ama biz de Tanrı'ya iman ederiz, biz de üç kutsal kitap Tivrit, İngll ve Alcoran'ın insanlığın selâmeti için üç peygamber Musa, İsa ve Muhammed tarafından dünyaya indirildiğine, bunların birbirine eşdeğer olduğuna, her üçünün de gerçeği ve yalnızca gerçeği söylediklerine, her üçünün de Tanrı'nın en önde gelen elçileri olduğuna inanırız. Bence, tüm Tanrı buyruklarının özü de, bunlardan hiç birine haksızlık etmemekte yatar.» «Madem ki hepsi hak yolunda, hakikati söylediğini kendinizin de kabul ettiği İsa'ya neden inanmıyorsunuz o zaman?» diye cevap verdim. «Bütün kalbimizle inanıyoruz İsa'ya» dedi, «bütün buyruklarına da uyuyoruz zaten.» «Nasıl oluyor da, Hıristiyanlar'a bu kadar haksızlık ediyorsunuz öyleyse? Hıristiyanlar vaftiz ediliyor, siz ise sünnet oluyorsunuz diye mi? Onları sırf bu nedenle mi insan yerine koymuyorsunuz?» diye üsteledim. «Biz, ‹Bisem Allah elrahman elrahim›, yani ‹Tanrı'nın, esirgeyenin ve esirgeyenlerin adıyla› sözcüklerini söylemekle her defasından yeniden vaftiz oluruz. Bu bakımdan Hıristiyanlar ile aramızda bir fark yoktur. Ama, putlara taptıklarına inandığımızdan, uyguladığımız ağır cezalarla bu sapkınlıktan vazgeçmelerini sağlamak üzere kendi selâmetleri için zor kullanırız Hıristiyanlar'a karşı. Sizlerin, Tanrı, İsa ve Meryem olmak üzere üç Tanrı'ya birden taptığınız o kadar aşikar ki» diye karşılık verdi sorularıma.

longa disputatione docui longè se rem aliter habere,
uerbaque ipsorum baptizationis, ad mysterium tri-
nitatis detorsi: hoc certe obtinui, ut me auidissime
emeret, emptumque adiungeret perito Alcorani, ut
leges Mahumeticas condiscerem: aiebat enim facilè
futurum ut Muslemannus fierem, si ipsorum instituta
rectè perciperem. Esse enim leges trium istorum pro-
phetarum æquales, & præceptis inter se congruere,
auum quoque suum fuisse sacerdotem Christianum,
& cognito religionum paruo discrimine, sese trans-
tulisse ad cultum Mahumeticum, eumque ob peri-
tiam literarum factum Subbassam: illamque sibi
eius nepoti fortunam reliquisse, ut trecentos equites
in bellum armet, mihique futuram eandem fœli-
citatem, si aui exemplum imitarer. Non ita diu
postea, noua expeditio in Hongariam à Turca sus-
cepta est, herusque meus se ad id instruens, uoluit
me secum ad commilitium abducere, si circuncidi
me paterer: alioquin timebat fugam, ne uicinus
meæ patriæ, equo præsertim instructus, fugam arri-
perem: cum ibi circuncisionem recusarem, relinquor
in herilibus ædibus. Sed cum uideret me herus luctu
exanimem, & tam tenacem Christianæ religionis,
mane,

larıma. Bunun üzerine, uzun bir açıklamayla aslında durumun hiç de anlattığı gibi olmadığını gösterdim ve vaftiz konusunda söylediklerini getirip teslis öğretisine bağladım. Böylece en azından iştahını kabartıp, beni satın almasını sağladım. Efendim, İslam'ın şartlarını öğrenebilmem için beni bir Kur'an hocasının yanına verdi. İslam öğretilerini tam anlamıyla kavradığım takdirde, kolaylıkla Müslüman olacağımı, zaten üç peygamberin yasalarının aynı mahiyette olduklarını, buyruklarının da birbirleriyle örtüştüğünü ileri sürüyordu. Anlattığına göre, zamanında bir Hıristiyan rahibi olan kendi dedesi de, dinler arasındaki farklılığın ne kadar az olduğunun bilincine vardığında İslam dinine geçmiş ve bilimsel eğitim almış olması nedeniyle subassa makamına getirilmiş. Torununa, yani efendime öyle bir miras bırakmış ki, savaş halinde üçyüz süvari verebiliyormuş orduya. Dedesinin yolundan gidecek olursam, talih aynı şekilde benim yüzüme de gülebilirmiş. Çok geçmeden, Türkler Macaristan'a karşı yeniden savaş açtı. Hazırlıklarını tamamlayan efendim, beni de beraberinde sefere götürmek istiyordu ama, bunun için sünnet olmamı şart koşuyordu. Yoksa, memleketime bu denli yaklaşmışken, üstelik altımda bir at da varken, kaçacağımdan korkuyordu. Sünnet olmayı reddettiğim için, efendimin tımarında kalmak zorundaydım. Ama üzüntüden perişan olduğumu gören ve Hıristiyan dinine ne denli sadakatla

mane, inquit, domi & ora Deum, ut mihi det
liberos, (nam hactenus illi sterile coniugium
fuerat) qui si mihi ulli contigerint,
quamprimum à nata sobole liber
esto, atque ita suis con-
salutatis in bellum
abijt.

dakatla bağlı olduğumu anlayan efendim şöyle dedi: «Burada kal ve beni evlât sahibi yapması için Tanrı'ya yakar (çünkü o güne kadar evliliğinden çocuk sahibi olmamıştı). Eğer bir evlâda kavuşmam nasip olursa, ilk çocuğum doğduğunda azad edileceksin.» Bu sözlerden sonra ailesiyle vedalaşıp, sefere çıktı.

QVOMODO IAM EX
Perſia fugam iniens, euaſi.

REgreſſo ab expeditione Hungarica hero, omnes deinde cum eo per totam Europam & Aſiam peregrinationes obiui: erat enim exaĉtor tributorum, qui ipſorum lingua *HARATSI* uocatur, idque non ſine ingentibus ſuſpirijs, cum uiderem tam ualidas, tam opulentas ditiones, nuper Chriſtianas, nunc Turcico imperio obedire, & exhauriri tributis ad expugnationem reliquorum Chriſtianorum. Mox inſecuta eſt & alia expeditio contra regem Perſa-rum, ab ipſis Chuzulbas appellatum, Latinis rubrum caput interpretari poteſt: multæ mihi ibi miſeriæ exantlandæ. Surgitur enim ad iter de media noĉte, & equitatur ad proximum meridiem, quo tempore cum à dominis aut prandetur aut dormitur, ſerui-tia ad multa miniſteria diſtrahuntur, in figendis tentorijs curandis equis, coquendis cibis, apportan-dis pabulis. Cæterum omnia adhuc tolerabilia donec ad extremam famem peruentum eſſet, quæ tanta fuit, ut pabulum diurnum unius diei uiĉtum ſuffi-ciens, tantidem emeretur (***), multi igitur cum
iumentis

İRAN ÜZERİNDEN KAÇIŞIM
VE KURTULUŞUM

Efendim Macaristan seferinden döndükten sonra, Avrupa ve Asya'da çıktığı yolculukların hepsinde ona eşlik ettim. Kendi dillerinde «haratsi» dedikleri vergi tahsildarlığı görevini yapıyordu. Efendime eşlik ederken, kısa bir süre öncesine kadar Hıristiyan olan öylesine güçlü, öylesine zengin ülkelerin artık Türk buyruğu altında bulunduklarını ve başka Hıristiyan ülkeleri fethetmek üzere haraca bağlanarak iliklerine kadar sömürüldüğünü gördükçe içim kan ağlıyordu. Çok geçmeden bu kez de «chuzulbas» dedikleri İran Şahı'na karşı sefere çıkıldı. Çok sefalet çektim bu seferde. Geceyarısı yola çıkılıyor ve ertesi gün öğlene kadar at sırtında yol alınıyordu. Mola verildiğinde, efendiler yemeklerini yiyip uykuya çekiliyor, hizmetkârlar ise çadırları kurmak, atların bakımını yapmak, yemek hazırlamak ve yem bulmak gibi bir dizi görevi yerine getirmeye koyuluyorlardı. Bütün bunlara iyi kötü katlanmak mümkün oluyordu, ta ki o korkunç kıtlık baş gösterene kadar. Kıtlık o ölçüye vardı ki (daha önce bir hafta yetecek kadar), yiyecek ve yem almak için ödediğimiz fiyata, ancak bir günlük ihtiyacımızı karşılayabiliyorduk artık. Bir sürü asker hayvanlarıyla beraber açlıktan kırıldı, bir sürü atı da etini yemek için kestiler. İranlılar,

iumentis inedia periere, multique equi iugulati funt.
In has miferias adduxerat Turcas Perfa egregio
ftratagemate, cum enim femper fugiendo audaciam
pugnandi diffimularet, omnia quæ in proximo erant
combuffit, abductis fecum uniuerfis colonis. Turca
tranfmiffo Euphratè ut uictis inftans, per æqua per
iniqua hoftem infequebatur, in latera ergo circum-
miffo à Perfa exercitu, etiam quæ à tergo Turcis
erant, corrumpuntur. Coactus eft igitur Turca per
loca omnium rerum egena exercitum ducere, quoti-
die Perfam ad prælium inuitans, quod ille duplici
de caufa recufabat, quia bombardas metuebat, &
fame hoftem domare fperabat. Ille tamen cæcus,
fugientem Perfam perfecutus eft tam diu donec
fuperuentu hyemis, & penuria omnium rerum
retroducere coactus eft. Inter cætera mala id quoque
nequaquam leuiffimum erat, quod nulla ibi fomenta
ignium præter ftercora iumentorum, ea fola accenfa
frigus militi relaxabant.

    Cæterum dimidia pars quæ ad ignem accur-
rerat, refolutis corporibus extinguebatur, multi inter
equitandum congelatis uenis membrifque rigentibus,
tanquam trunci fuis equis inhærebant. Ineunte
iacturam

İranlılar, uyguladıkları mükemmel savaş taktiğiyle bu güç duruma düşürmüşlerdi Türkler'i: Önce savaşa tutuşmaya cesaretleri yokmuş gibi yapıp, sürekli olarak geri çekildiler. Bu arada etrafta ne var ne yoksa ateşe verip, bölgedeki bütün köyleri de boşalttılar. Türkler Fırat'ı geçip, mağlup ettiklerini sandıkları İranlılar'ın üzerine gittiler ve dağ tepe demeden düşmanın peşine düştüler. İranlılar ise bir orduyla takipçilerini kanatlardan çembere alarak, Türkler'in artlarında bıraktıkları ne var ne yoksa onu da tahrip ettiler. Böylece Türkler ordularını, hiçbir ihtiyaçlarını karşılayamadıkları ıssız bölgelerden geçirmeye zorlanmış oldular. Türkler sürekli olarak sıcak çatışmaya girmeye çalışıyor, İranlılar ise iki nedenle buna yanaşmıyordu. Bir yandan Türkler'in toplarından çekiniyorlar, öte yandan da düşmanlarını açlık silâhıyla dize getirmeyi umuyorlardı. Türkler ise zafer sarhoşluğuyla, önlerinden kaçan İranlılar'ın peşini bırakmıyordu. Ta ki kışın bastırmasıyla ortaya çıkan kıtlık, ricat etmelerini kaçınılmaz hale getirinceye değin. Bütün diğerleri bir yana, hayvan dışkısından başka yakacak hiçbir şey bulamamak musibetlerin en başta gelenlerindendi. Soğuğun etkisini biraz olsun azaltabilmek için, hayvan dışkısı yakmak zorunda kalıyordu askerler.

Ama, ısınmak için ateşin başına üşüşenlerin yarısı olduklara yere yığılıp ölüyordu. Çoğu da damarları buzlanmış, kol ve bacakları soğuktan kaskatı kesilmiş halde, bir kütük gibi atlarının üzerinde kalmaya çalışıyorlardı. Türkler neredeyse askerlerinin tümünü

iacturam suorum Turca ultra dimidiam partem exercitus amissam fuisse apprehensum est. Ardebat illi animus proxima æstate uindicare iniuriam, sed nuncio accepto regnum Tunetense à CAROLO Romanorum Imperatore expugnatum esse, timens Europæ, festinantissime cum reliquis copiarum Constantinopolim contendit, omisso ad tempus bello Smail Sahi Sultan ita enim appellant regem Persarum. Nec Persa defuit occasioni, moratores omnes & terga exercitus cecidit, usque ad Euphratem, & recuperato Taurisio, quod in itinere Solymannus cœperat, ingentia ibi præsidia Ianizerorum mactauit, in hoc tumultu, Deo & beatissimæ uirgini meam salutem commendans, magnisque uotis me obstringens, non prius scilicet me in patriam rediturum quam limina Diui Petri & Pauli, sepulchrum Christi & sanctum Iacobum compostellanum uotis & precibus inuisissem, ex omni suppellectile domini quaæ in tanta trepidatione direptui iacebat, nihil præter unicum ciphum, & aliquantum salis ac securim sumens, in montes Armeniæ confugi, uastissima quæque & desertissima quærens, ubi triginta septem diebus herbis me & syluestris alebam, noctu in
arbores

tümünü kaybetmek üzereydiler, ordunun yarısından büyük bölümünün telef olduğu anlaşılıyordu. Gelecek yaz bu yenilginin acısını çıkartma hevesiyle yanıp tutuşuyorlardı. Tam bu sırada, Tunus'un Roma İmparatoru Karl tarafından fethedildiği haberi geldi. Avrupa'nın elden gidebileceği endişesiyle, elde kalan birliklerini toplayıp savaş meydanını şimdilik İran Şahı Smail Sahi Sultan'a bırakarak, acilen Konstantinopel'e geri döndüler. İranlılar bu fırsatı kaçırmadı. Fırat boylarına ulaşıncaya dek, ricat etmekte gecikenleri ve ordunun artçı kuvvetlerini imha ettiler. Solyman'ın gidiş yolunda fethetmiş olduğu Tebriz'i geri aldılar, yeniçerilerden oluşan dev muhafız birliğini de kılıçtan geçirdiler. Bu karmaşada selâmetim için Tanrı'ya ve Mukaddes Bakire'ye sığındım ve Aziz Petrus ile Aziz Paul kiliselerine, İsa'nın mezarına ve Compostelalı Aziz Jacobus'a ziyarette bulunarak bu mukaddes yerlerde adak adayıp dua etmeden yurduma dönmeyeceğime ant içtim. O büyük kargaşada, efendimin yağma edilmeyi beklercesine ortalığa saçılmış onca edevâtı arasından, yanıma yalnızca bir kupa, biraz tuz ve bir balta alarak Ermenistan'ın kuş uçmaz kervan geçmez dağlarına doğru kaçtım. Otuzyedi gün boyunca yabani otlarla ve ormanda yetişen meyvalarla

arbores conscendens, ne à feris dilacerarer. Iam
meum dominum, longissime abijsse ratus, & misero
illo uictu ad summam imbecillitatem confectus,
montes illos & solitudines desero, uerum mox ubi
ad culta loca processissem, conspicior ab opilionibus,
qui ægrum me & ad omnem uim inualidum, ut
apprehensuri circumsistunt. His ego adhuc terri-
bilis uidebar ob securim quam gestabam qua ali-
quandiu canes inuadentes arcueram, hanc tandem
abieci, & me illorum fidei tradidi, quos dato ar-
genteo cipho mihi plane conciliaui, præsertim cum
docuissem me non mancipium Turcum sed Græcum
hominem liberum & intactum ab omni seruitio esse,
id crediderunt, quia me inspectis membris, incircun-
cisum deprehenderunt: mancipia enim ferè omnia
recutita sunt. Deductus ab opilionibus in proximam
urbem pro cibo, plerasque uestes tradidi, ibi rursus
circundor ab eius regionis Turcis, interrogatus quis-
nam & cuiatis essem, decurri ad prius dictum Græ-
cum scilicet me hominem esse, pro mercede seruijsse
magnati cuidam, qui me ægrotum una cum reliquo
exercitu reliquerat, neutrum creditum fuit, inspectis
igitur denuo membris ex præputio didicerunt me
Musulmannum

meyvalarla doyurdum karnımı. Yırtıcı hayvanlara yem olmamak için, geceleri ağaç tepelerine tünüyordum. Efendimin artık çok uzaklarda olduğuna kanaat getirdiğimde, kıt beslenmeden bitap düşmüş o halimle burnumu dağların ve ıssız toprakların dışına çıkartmayı göze aldım. Meskûn bölgeye henüz varmıştım ki, çobanlar farketti beni. O hasta ve büsbütün güçsüz düşmüş halime rağmen, halâ yanımda taşıdığım ve üzerime saldıran köpekleri yanıma yaklaştırmamak için bir süre sağa sola salladığım balta çobanları ürkütmüş olmalıydı. Etrafımı çevirip derdest etmeye çalıştılar. Sonunda merhametlerine sığınıp teslim oldum. Yanımdaki gümüş kupayı kendilerine hediye ettiğimde, hele bir de Türkler'in kölesi olmadığımı, hayatı boyunca hiç esaret yüzü görmemiş özgür bir Rum olduğumu söylediğimde, çobanları kendi safıma çekmiştim. Vücudumu inceleyip sünnetsiz olduğumu gördüklerinde, anlattıklarıma inandılar, çünkü, kölelerin hemen hemen tamamının sünnetli olduklarını biliyorlardı. Çobanlar, beni en yakındaki köye götürdüler. Yiyecek bir şeyler karşılığında giysilerimin büyük bir kısmını elden çıkarttım orada. Bu kez de, köyde oturan Türkler etrafıma toplandı. Kim olduğumu, nereden gelip nereye gittiğimi öğrenmek istiyorlardı. Önceki ifademi tekrarlayarak, Rum olduğumu, ücret karşılığı büyük bir efendinin emrinde çalıştığımı, hastalandığım için efendimin beni ordunun arta kalanıyla birlikte geride bıraktığını söyledim. Anlattıklarımın hiçbirine inanmamakla birlikte, vücudumu bu kez kendileri inceleyip sünnet derimin yerinde durduğunu gördüklerinde, müslüman

Musulmannum non esse. Tum adhibiti sunt sacer-
dotes Græcæ linguæ periti, cum his quia fœliciter
Græcissabam, didiceram enim eam linguam exacte
in Thracia & Macedonia, pronunciatum est à sacer-
dotibus me purum Græcum esse. Dimissus igitur una
cum sacerdotibus abeo, qui certiores facti me literas
Græcas scire, præfecere pueris instituendis, in here-
mitæ cuiusdam domuncula, quæ triduani itineris
interuallo à ciuitate distabat. Ibi benigne alitus
sum & uestitus iam fruens libertate, & cum Chri-
stianis Christiane uiuens, & ne deprehenderer non
Græcus esse, omnes illorum mores & ritus imitatus
sum. Sabbato tamen cum carnibus uescuntur ab-
stinui, allegans me ex uoto ob pericula suscepto,
obligatum esse, libet igitur aliquid hoc loco de
eorum moribus recensere.

DE RITV GRÆCORVM
& primo, De modo baptizandi.

BI puer sacro lauacro regenerationis
imbuendus est, infundit sacerdos in
caperisterium, oleum chrismatis, hoc
inungunt puerum omnes qui eum te-
nent, reliqui ritus baptizandi à sacerdote peraguntur.
Solemnia

man olmadığıma kanaat getirdiler. Bunun üzerine, Rumca bilen birkaç papaz çağırdılar yanlarına. Papazlar, kendileriyle akıcı bir şekilde Rumca konuşmam üzerine — Trakya ve Makedonya'da bulunduğum sırada bu dili mükemmelen öğrenmiş bulunuyordum — benim katıksız bir Rum olduğumu ilân ettiler. Böylece papazlarla birlikte gitmeme izin verildi. Rumca okuma yazma bildiğimi duyan papazlar, köyden üç günlük mesafede yaşayan bir münzevinin yanındaki oğlan çocuklarının başına öğretmen yaptılar beni. Orada dostça karşılandım. Karnımı doyurup, yeni giysiler verdiler. Hürriyetimin tadını çıkarıyor ve bir Hıristiyan olarak Hıristiyanlar'ın arasında yaşıyordum artık. Rum olmadığım ortaya çıkmasın diye, bütün adet ve törelerine harfiyen ayak uyduruyordum. Yalnızca, cumartesi günleri et yediklerinde onlara katılmıyordum. Bu davranışımı da, bir tehlike anında ettiğim yemin nedeniyle bu şekilde davranmak zorunda olmamla izah etmiştim. Yeri gelmişken, Rumlar'ın adetleri hakkında birkaç söz söylenmesi uygun olacaktır.

VAFTİZDEN BAŞLAYARAK RUMLAR'IN DİNİ MERASİMLERİ HAKKINDA

Bir erkek çocuğa yeniden doğuşun kutsal banyosu yaptırılırken, papaz ufak bir çanağa vaftiz yağı koyar. Çocuğu kucağına alan herkes, bu yağla vücudunu sıvazlar. Vaftiz merasiminin geri kalan bölümü

Solemnia uespertinarum & matutinarum precum auspicantur à psalmo C.iij. Ευλόγκ κ̄ ψκχφ μὸυ τ̄ κύριομ: *id est. Benedic anima mea dominum, quo ad plenum recitato, fit suffitus ex thure, postmodum subiungitur psalmus C.xl.* Κύριε ἐκέκραξα πρός σὲ. *id est. Domine clamaui ad te, quo perlecto ex libris ingentis magnitudinis quos ipsi* οκτοτυχος *uocant aliquam partem recitant, ita dispensatis portionibus, ut quater in anno euoluantur.*

DE CÆREMONIIS
Missæ.

N Laudibus canendis nihil à nobis uariant, in mißa uero id discriminis, in magno etiam numero sacerdotum non nisi unus sacra mißarum obit, reliqui se pro ministris gerunt, ubi itidem facto thureo suffitu, magna deuotione C.XL. psalmus canitur, deinde offeruntur tres panes fermentati quos προσφόρας dicunt. Hinc particulam defectam sacerdos in calicem immittit & una cum uino consecrat, peracta consecratione eleuato calice, ad populum in orbem se conuertit, populus in terram

pronus

bölümü papaz tarafından yerine getirilir. Akşam ve sabah dualarında önce, Ευλόγκ κ̄ ψκχφ μȯυ τ̄ κύριομ: yani ‹Ey ruhum, Tanrı'yı överek an› diye başlayan 103. Psalm ilâhi şeklinde yüksek sesle okunur. Tamamı okunduktan sonra, günlük ağacıyla tütsü yapılır ve ardından Κύριε ἐκεκραξα πρός σὲ. yani ‹Tanrım, sana sesleniyorum› diye başlayan 140. Psalm'e gecilir. Daha sonra ise, οκτοτυχος diye adlandırdıkları devâsa kitaplardan bir bölüm okunur. Bu bölümler, herbirine dönüşümlü olarak senede dört kez sıra gelecek şekilde düzenlenmiştir.

AYİNLERİ HAKKINDA

Laudes'i, okumaları bizden farksızdır. Bizden farklı olarak, ayin esnasında çok sayıda papaz hazır bulunsa dahi, bunlardan yalnızca bir tanesi ayini icra eder. Geri kalan papazlar ise mugannilik görevini üstlenirler. Gene tütsü yapıldıktan sonra, huşu içinde 140. Psalm söylenir. Ardından προσφόρας denilen üç tane mayalanmış ekmek ortaya gelir. Ayini yöneten papaz, ekmekten kopardığı bir parçayı içi şarap dolu kupaya batırır ve ekmekle şarabı takdis eder. Dönüşmenin tamamlanmasından sonra, papaz kupayı yukarı kaldırır ve sirayla cemaatteki pronus cadens acclamat, ἅγιος ὁ θεὸς & *Kyrie eleyſon*, poſtmodum tres illos panes in manus ſumit & minutatim conciſos populo diuidit. Ipſe autem particulam illam panis quam in calicem immerſerat, cochlearibus excipit, nec ad eam communicationem cæteri admittuntur. Sunt illis Patriarchæ & Epiſcopi & per eos alij ſacris ordinibus initiantur, uerum ut mariti ad ſacros ordines admittuntur, ita ubi ſacerdos fueris, uxorem ducere non licet, imo mortua uxore, ſecundam ſuperducere ſacerdoti permiſſum non eſt. Quod ſi duxerit, ab omni miniſterio eccleſiaſtico ſummouetur, & pro laico cenſetur. Hic autem ordo eſt in ſacrificando. Patriarcha ſi adſit primus omnium celebrat, quo abſente, ſacerdos, nunquam matrimonio coniunctus, eo abſente ſacerdos uiduus, abſente uiduo ſacerdos coniugatus.

DE IEIVNIO.

Eiunant ſtatim à quinquageſima, ſed uſque ad diem cinerum omiſſo eſu carnium, lacticinijs & ouis ueſcuntur. Cæterum à die cinerum per totam quadrageſimam a piſcibus quoque abſtinent, præterquam

maatteki herkese yüzünü döner. Bunun üzerine cemaatin tamamı secde edip yüksek sesle hep bir ağızdan ἅγιος ὁ θεός ve «Kyrie eleyson» der. Papaz, üç ekmeği küçük parçalara bölüp cemaate dağıtır. Kendisi ise bir kaşıkla, kupada ıslamış olduğu parçadan pir lokma alır. Papaz dışında cemaatten kimse, takdisin bu şekline mazhar olamaz.

Patrik ve metropolitleri de vardır. Başkalarını da ruhban sınıfına kabul etmek, bunların görevidir. Evli bir erkeğin ruhban sınıfına kabulü mümkün ise de, papazlık mertebesine ulaşmış bir kimsenin yeniden evlenmesine müsaade edilmez. Karısı ölmüş olsa dahi, bir papazın yeniden evlenmesi yasaktır. Bu yasağa uymayanlar, tüm kilise görevlerinden azledilip ruhban mertebesine çıkartılır. Ayin sırasındaki rütbe sıralaması şöyledir: Eğer hazır bulunmaktaysa, ayini yönetme yetkisi patriğindir. Patriğin hazır bulunmaması halinde, ayini metropolit yönetir. Metropolit de ayine katılmamışsa, sırasıyla önce hiç evlenmemiş bir papaz, sonra evlenip de dul kalmış bir papaz, o da yoksa evli bir papaz ayini yönetme yetkisine sahip olur.

PERHİZ HAKKINDA

Perhize Paskalya'nın daha elli gün öncesinden başlamakla birlikte, karnavalı izleyen ilk çarşamba gününe dek yalnızca et yemekleri yememekle yetinirler ve sadece süt ürünlerinden hazırlanmış yiyecekler ve yumurta ile beslenirler. Bu sürenin bitiminden başlayarak, perhiz zamanının sonuna kadar ise, pazar günleri hariç olmak kaydıyla balık eti dahi yemezler.

quam in diebus dominicis, ob ouis autem piscium non abstinent, quæ certo genere liquaminis condiuntur, ipsi uocant Hauiari. Extra quadragesimam die Mercurij & Veneris à carnibus abstinetur, die Saturni non abstinetur, sed monachi illorum quibus nomen est Caloieri in æternum carnibus abstinent.

DE CONVIVIIS EORVM
Festiuis diebus.

SOlemnia festorum, ijsdem diebus quibus nos obseruant, quale est festum natalis, & resurrectionis dominicæ, quibus temporibus ab omni ordine sexu & ætate in templum conuenitur, secumque omnia esculenta & poculenta deferunt. Humi more Turcarum in medio templi accumbitur, uxor sacerdotis in proximo apud sacerdotem, hancque ob mariti dignitatem, in summa ueneratione habent, & uocant papadiam. Hinc nulla necessitas ut symbolam ciborum adferat, nam sacerdotes communibus laicorum edulijs uescuntur. Peracto conuiuio sacri hymni cantantur. In exequijs funeralibus decoctum ex uuis

passis

yemezler. Ama salamuraya yatırdıkları ve «hauiari» dedikleri balık yumurtasını yemekten de vazgeçmezler. Perhiz zamanı dışında da çarşamba ve cuma günleri et yemezler, buna karşılık cumartesi günleri yerler. «Caloeri» dedikleri keşişler ise, hiçbir zaman et yemez.

BAYRAM GÜNLERİNDEKİ ZİYAFETLER HAKKINDA

Efendimizin doğumu ve yeniden dirilişi gibi yortuları, bizimle aynı günlerde kutlarlar. Bu bayram günlerinde, her sınıftan, cinsten ve yaştan insan kilisede biraraya gelir. Beraberlerinde her türlü yiyecek ve içecek de getirirler kiliseye. Kilisenin ortasında Türk usulü bağdaş kurup yere otururlar. Papazın «papadia» diye adlandırılan karısı, kocasının hemen yanıbaşına oturur. Çünkü kocasının konumu nedeniyle, kendisine son derce saygı gösterilir. Bu nedenle, ziyafet hazırlıklarına katkıda bulunması da beklenmez. Zaten papazlar, cemaatin beraberinde getirdiği yiyeceklerden taam ederler. Bayram ziyafetinin bitiminden sonra, hep birlikte ilâhiler söylenir. Cenaze törenlerinde ise, üzüm ve buğdayın

kaynatılıp

*paſſis & tritico propinatur, atque uocatur (***)
iſtum morem ferme ſingulis dominicis diebus obſeruant.*

DE CÆREMONIIS
defunctorum.

*N mortibus ſuorum lugendis hunc mo-
rem habent, capillos & barbas ſuper
cadauere defuncti lacerant, adeo ut
ferme deglabrati à ſepulchro redeant,
nec parcunt genis quas unguibus dilaniant.
Seculares eodem modo quo apud nos ſepeliuntur.
Sacerdos ubi extinctus fuerit, in cathedra cum
omni ſacrificali ueſtitu componitur, in manibus
calicem geſtans, atque ita poſtmodum ſepelitur.*

DE OBLATIONE HOSTIÆ
pro ægrotis.

*Egroti pro recuperanda ſanitate munera ad
templum adferunt, & inter munera plerunque
pecudem aliquam de grege, qua immolata corium,
caput,*

kaynatılıp koyulaştırılmasıyla hazırlanan, (* * *) dedikleri bir tür içecek sunulur. Ayrıca, hemen her pazar günü de pişirilir bu içecek.

CENAZE TÖRELERİ HAKKINDA

Ölülerine ağıt yakmalarına gelince: Mevtanın başucunda saçlarını sakallarını o derece yolarlar ki, cenaze töreninden dönerken neredeyse cascavlak kalmış olurlar. Bu arada yanaklarını da tırmıklayıp yara bere içinde bırakırlar. Ruhban sınıfa dahil olmayanların toprağa veriliş şekli aynen bizdeki gibidir. Bir rahip öldüğünde ise, üzerine merasim cübbesini giydirip eline bir kupa tutuşturarak makam koltuğuna oturturlar ve bu şekilde toprağa verirler.

HASTALAR İÇİN HAYVANLARIN KURBAN EDİLMESİ HAKKINDA

Hastalar, yeniden sağlıklarına kavuşabilmek amacıyla kiliseye bağışda bulunurlar. Bu bağış genellikle, sürülerinden seçtikleri bir baş hayvandır. Kurban edilen hayvanın derisi, kellesi ve ayakları ile etinin

caput, pedes & quarta pars carnis, ad facerdotem pertinet, reliqua ad muneratorem. Cæterum quod non abfumptum fuerit in conuiuio, id munerator pauperibus donat, nam referre fecum domum ex uictima non licet. Sacerdos autem ægroti capiti codicem euangeliorum imponit, & fanctas præcationes effundit. Die dominico tantopere feriantur ut uel uerrere pauimentum, nefarium putent. In uita femel confitentur, ubi iam fuerint prouectæ ætatis, ac deinceps mire cauent à peccatis. Literæ politiores plane ibi extinctæ, nullos poetas, oratores, philofophos, uel legunt uel intelligunt, pueri nihil difcunt, nifi facram fcripturam & aliquot theologos. Qui autem uel textus euangeliorum uerbotenus exponere poteft, magnus ibi rabbinus habetur. Qui facerdotio deftinatur, femper agit apud facerdotes, & diuinis myfterijs femper adeft. Muficam iftam noftram non habent, ubi canendum eft chorodidafcalus in articulis digitorum certa loca demonftrat, fecundum quæ uoces in canendo attemperantur. Hæc confuetudo per totam Græciam Walachiam Seruiam & Rufiam obtinetur.

SEQVITVR

etinin dörtte biri papazın, geri kalanı ise, bağışda bulunanın hakkına düşer. Ama, kurban etinden hazırlanan ziyafette yenmeyip artan parçalar yoksullara dağıtılır. Çünkü bağış sahibi, kurban etini kendi evine götüremez. Papaz ise, hastanın başının üzerine bir İncil koyar ve kutsal dualar okur. Pazar günü çalışmama buyruğunu öyle abartırlar ki, o gün yerleri süpürmeyi bile zındıklık sayarlar. Hayatlarında bir kez, o da iyice yaşlandıklarında, günah çıkartırlar. Ama günah çıkarttıktan sonra, bir daha yeni günahlar işlememek için hayret verici bir çaba gösterirler. Edebiyat sanatı hemen hemen tamamen unutulup gitmiştir. Ozanların, hatiplerin ve filozofların eserlerini okuyup anlayamazlar. Erkek çocukları yalnızca kutsal kitabı ve birkaç din aliminin eserlerini öğrenirler. Yeni Ahit'in ilk dört kitabını kelime anlamıyla tefsir edebilenlere, büyük bir alimmiş gözüyle bakılır. Bir kez ruhban sınıfına alınanlar, hayatları boyunca diğer rahiplerle birlikte yaşarlar ve bütün ayinlere katılırlar. Bizim bildiğimiz anlamda bir müzikleri yoktur. Şarkı söyleyecek olduklarında, koro şefi parmağıyla belirli işaretler verir. Şarkının nağmesini bu işaretler belirler. Yunanistan'ın tamamında, Eflâk'ta, Sırbistan'da ve Rusya'da da uygulanır bu âdet.

SEQVITVR DE ARMENIORVM
moribus & Cæremonijs.

Ifferunt nonnihil Armenij nam ex pane azimo dominicum corpus conficiunt, nec uino calido utuntur ut Græci, qui dicunt id reprefentare calidum fanguinem Chrifti ex uulnere recenti profluentem, fed frigido, nec admifcent aquam, quam dicunt in facramentis à Deo folummodo ad baptifmum deftinatam effe. Spiritum fanctum ut Romana ecclefia à patre & filio agnofcunt procedere, quod Græci negant, etiam in alijs à Græcorum moribus difcedunt, quamobrem fe mutuo hæreticos uocant, fefta anniuerfaria obferuant ijfdem temporibus quibus nos, nifi quod natalem domini celebrant in fefto Epiphaniæ, afferentes eo die Chriftum & natum & baptizatum effe. Ieiunia acrius præ cæteris hominibus obferuant, tempore enim quadragefimæ nullum uel oleum uel pifccm attingunt, plerique etiam à uino abftinent, piaculum eft fi facerdos aliquod animal occidat, fuffocata abominantur. Vafa à canibus ore attacta, ab omni ufu reijciunt, in reliquis moribus ad Turcarum

ERMENİLER'İN ÂDETLERİ
VE DİNİ TÖRELERİ HAKKINDA

Ermeniler ile Rumlar arasındaki farklılıklar hiç de az sayılmaz. Bir kere Ermeniler, efendimizin vücudunu mayasız ekmekten şekillendirirler. Ayrıca, İsa'nın vücuduna henüz açılmış yaralardan akan kanı temsil ettiğini ileri sürerek ayinlerinde sıcak şarap kullanan Rumlar'ın aksine, soğuk şarap kullanırlar. Suyun, Tanrı tarafından yalnızca vaftiz merasimi için takdis edilmiş olduğu gerekçesiyle, ayin şarabına su da katmazlar. Lâtin Kilisesin'de olduğu gibi, Kutsal Ruh'un Tanrı'dan ve oğlundan kaynaklandığını kabul ederler. Rumlar ise bunu inkâr eder. Ermeniler'in başka âdetleri de Rumlar'ın âdetlerinden farklıdır. Bu yüzden karşılıklı olarak birbirlerini sapkınlıkla itham ederler. Her sene kutlanan bayramları, bizimle aynı günlerde kutlarlar. Yalnız İsa'nın doğduğu gün hemen vaftiz olduğunu iddia ettiklerinden, efendimizin doğumunu Epifanya Yortusu ile birlikte kutlarlar. Perhizlerine, başkalarından daha katı bir biçimde dikkat ederler. Perhiz zamanında ne zeytinyağına, ne de balık etine el sürerler. Çoğu, şarap dahi içmez bu süre içerisinde. Rahiplerin hayvan öldürmesini günah sayarlar, boğularak öldürülmüş hayvanların etinden de tiksinirler. Bir köpeğin burnuyla temas ettiği kabkacağı bir daha asla kullanmazlar. Başka davranışları da, Türk adetleriyle örtüşür hale gelmiştir.

Dini

carum consuetudinem deficiunt. In peregrinationes
quæ religionis caussa suscipiuntur, admodum proni,
non enim solum Hierosolymam, sed & Romam &
S. Iacobum Compostellanum inuisunt. Peregrinos
uero & fugitiuos ex Christianis seruitijs, humanis-
sime tractant, meque suis sumptibus Hierosolymam
abduxerunt, quam urbem Turcæ Kutzumbarech,
id est sanctam benedictionem uocant.

DE INTROITV IN ECCLESIA
S. sepulchri & terræ sanctæ, ac Solutione
Peregrinorum utriusque conditionis.

C*VM autem Hierosolymam appulissem, receptus*
sum in monasterium quoddam Franciscano-
rum, quod in monte Syon uisitur, omnino me dissi-
mulans à seruitute refugisse, quia id receptoribus
capitale est, ibi contra fures Arabes noctu in cœnobio
custodem egi, pactus in præcium præter uictum &
cultum, liberum & inemptum ingressum in sepulch-
rum domini, quod alioquin magno à Turcis emitur.
In hoc ministerio ad annum duraui, uisitans cœno-
bium in Bethlehem & sepulchrum domini, cuius
templum non nisi quater aut quinquies in anno
aperitur.

Dini nedenlerle kutsal yerleri ziyaret etmeye son derece isteklidirler. Bu yüzden yalnızca Kudüs'ü değil, Roma'yı Santiago de Compostela'yı da ziyaret ederler. Hacılara ve kaçak Hıristiyan kölelere karşı son derece insancıl davranırlar. Nitekim beni de, hem de masraflarımı da üstlenerek Türkler'in Kutzumbarech, yani «kutsal bereket» dedikleri Kudüs'e beraberlerinde götürdüler.

KUTSAL KABİR KİLİSESİ İLE KUTSAL TOPRAKLARIN ZİYARETİ VE HER İKİ TÜRDEKİ HACILARIN ÖDEMEK ZORUNDA OLDUKLARI AYAKBASTI PARASI HAKKINDA

Kudüs'e vardığımda, Sion Dağı'nda bulunan Fransiskenler'e ait manastıra kabul edildim. Kaçak bir köle olduğumu özenle gizledim, çünkü benim konumumdaki birine kucak açmakla, yaşamlarını tehlikeye atmış oluyorlardı. Geceleri, Arap soyguncular karşı nöbet tutuyordum manastırda, Bu hizmetime karşılık, yiyecek ve giyecek ihtiyacımın karşılanmasının dışında, Efendimiz'in kabrini ücretsiz olarak ziyaret edebilmemin sağlanması şartını da koşmuştum. Aksi halde, ziyaret hakkı için Türkler'e yüklü bir meblağ ödemek gerekiyordu. Nöbetçilik görevini yaklaşık bir sene kadar sürdürdüm. Bu dönemde Beytlehem'deki manastırı ve Efendimiz'in kabrini

aperitur. Claues enim ſunt penes Subaſſam qui in arce Dauidis domicilium habet, is autem precio eum locum aperit ubi ingens multitudo peregrinorum aduenerit, diuiti octo aurei ſoluendi, mediocris fortunæ homini quatuor uero ac ſacerdotibus tantum Franciſcanis uero nihil. A Caldæis & Georgianis nihil exigunt quia illi è confœderatis prouincijs ueniunt, iſti nihil habent. His pecunijs domantur ut Chriſtianos admittant, quod alioqui nunquam facturi eſſent. In hoc Hieroſolymitano cœnobio, ſingulis triennijs nouus Guardianus conſtituitur, cum plena poteſtate ſoluendi & ligandi, cui inter cæteras curas præcipua ſollicitudo eſt, ut monachos diuerſarum linguarum aſciſcat, quo confeſſiones diuerſiſſimarum nationum audire queant. Habet is tanquam metropolitanus quatuor ſub ſe cœnobia Bethlehemiticum & id quod in monte Syon extructum eſt, & quod Barruti & in Cypro edificatum eſt, quibus ex ſua poteſtate Gardianos creat.

kabrini de ziyaret ettim. Kutsal Kabir Kilisesi senede dört ya da beş kez ziyarete açılır. Anahtarlarını, Hazreti Davut Kulesi'ndeki makamında oturan Subassa saklar ve ancak çok kalabalık bir hacı kafilesi geldiğinde, ayakbastı parası karşılığında kiliseyi ziyarete açar. Zengin hacılardan sekiz, orta hallilerden ise dört altın ayakbastı parası alınır. Yalnız Fransisken rahipleri ayakbastı parası ödemezler. Keldaniler'den Gürcüler'den de bu para talep edilmez. Çünkü ilk saydıklarım kendilerine bağlı eyaletlerden gelirler, ikinci saydıklarımın ise zaten verecek bir şeyleri yoktur. Türkler'in aslında ziyarete izin verecekleri yoktur ama, ayakbastı parasının yüzü suyu hürmetine Hıristiyanlar'ı kutsal yerlere sokarlar. Kudüs'teki manastırın her üç yılda bir yeniden belirlenen başkeşişi, bağlamaya ve çözmeye yetkilidir. Her kavimden insanın günah çıkartabilmesini mükün kılmak için, anadilleri farklı olan keşişlerin manastıra katılmalarını sağlamak da, başkeşişin görevleri arasındadır. Diğer metropolitlerin olduğu gibi başkeşişin yetki alanı da dört manastırı kapsar. Bunlar, Beytlehem'deki manastır ve Sion Dağı'ndaki manastır ile Beyrut ve Kıbrıs manastırlarıdır. Kudüs'teki manastırın başkeşişi, yetkisine dayanarak bu manastırların başkeşişlerini belirler.

Francisci Hierosolymam habitantes, mauros
nocte uenientes à cœnobio pellunt.

Anctissime in toto orbe apud istos monachos uiuitur. Sæpius hoc cœnobium
à latronibus & furibus infestatur,
quia id nec munire licet, nec armis
instruere, tantummodo ad uim arcendam concessum
est, ut fundis & baculis & clypeis utantur, pugnatur è cœnaculis per fenestras & è tecto, quod ibi
planum est, non nostro more cuneatum acuitur. Vbi
naues appulerunt Ioppen, accersitur Guardianus,
qui secum adductis mulis, asinis & equis cum firmo
comitatu peregrinos in suum cœnobium deducit, quo
tempore alij pedibus utuntur, alij iumentis uehuntur
prout uel religio uel tenuitas pecuniæ suadet, hæc
deductio magno precio constat, cæterum uitæ suæ
incolumitatem ut uulgo persuasum est, non redimunt.
Si maior turba quam ut cœnobium capiat, mittuntur
ad monasterium S. Iacobi Maioris quod Armenij
habent. Quod si adhuc multitudo superauerit,
deducuntur ad ædes ubi quondam Diuus Petrus
Christum

KUDÜS'TE YAŞAYAN FRANSİSKEN BİRADERLERİN, GECELERİ MANASTIRLARINA MUSALLAT OLAN ARAPLAR'I GERİ PÜSKÜRTMELERİ HAKKINDA

Bu keşişler, dünyanın en dindar yaşamını sürerler. Manastırın tahkim edilmesi ya da silahlandırılması yasaktır. Saldırganları püskürtmek için, yalnızca sapan, sopa ve kalkan kullanılmasına izin verilmiştir. Bu yüzden manastıra sık sık soyguncular ve hırsızlar dadanır. Saldırı halinde, üst katların pencerelerine, ya da dama çıkıp saldırganları püskürtmeye çalışırlar. Oradaki binaların damları, bizdekilerin aksine eğimli değil, düz olarak inşaa edilmiştir. Gemiler Joppe'ye yanaştıklarında, başkeşişe haber verilir. Başkeşiş de, beraberinde götürdüğü katır, eşek ve atlarla hacıları karşılayıp, emniyetlerini sağlayarak kafile halinde manastıra kadar refaket eder onlara. Dini inançlarının ya da mali durumlarının izin verip vermemesine bağlı olarak, hacıların bazısı hayvan sırtında, bazısı da yaya olarak katederler yolu. Refakat için yüklü bir miktar ödenirse de, genel kanıya göre bununla can ve mal emniyeti tamamen emniyet altına alınmış değildir. Kafile manastırın alabileceğinden kalabalıksa, sığmayan hacılar Ermeniler'e ait Aziz Büyük Yakub manastırına yerleştirilir. Orası da yetmezse, artan hacılar Aziz Petrus'un İsa'yı inkar ettiği eve götürülürler.

Chriſtum negauit. Cæterum in urbe quia ibi nulla
ſunt Pandochia aut tabernæ, nemo hoſpitatur ſolummodo ex urbe commeatum petunt, ſi franciſcanus
uictus non placuerit.

DE CEREMONIIS IN CIVITATE
Sancta Hieruſalem & Eccleſia S. ſepulchri
tempore paſcatis.

PLurima ibi ſemper uiſenda, potiſſimum circa
feſtum paſcatis, tum enim undecunque ex toto
orbe eo Chriſtiani confluunt, ex Armenia, Græcia,
India, Aethiopia. In dominica palmarum Guardianus aſino per ea loca inuehitur, per quæ Chriſtus
antea inuectus fuit, cum ad paſſionem ſuam prope-
raret, uſque ad montem Syon, ſternuntur item in uia
rami palmarum, & ueſtes, acclamatur oſanna filio
Dauid, ſubſequitur ingens turba Chriſtianorum
cuiuſque nationis, qui militari manu Ianitzerorum
deducuntur: quo tuta ſit iſtius pompæ ſolemnitas.
Moris autem eſt ut pridie paraſceues de media nocte
deſcendatur in uallem Ioſephat, quam utrinque
mons Oliueti ab Oriente, & mons Syon ab occi-
dente claudunt, ibi initia memoriæ paſſionis domini
celebrantur,

76

götürülürler. Konaklama ve yemek yeme imkânı bulunmadığından, hacılardan kimse şehirde kalmaz. Yalnızca Fransiskenler'in yemeklerinden hoşnut kalmayanlar, kendilerine yiyecek maddeleri almak için şehre inerler.

PASKALYA ZAMANI KUTSAL ŞEHİR KUDÜS'TE VE KUTSAL KABİR KİLİSESİ'NDE YAPILAN KUTLAMALAR HAKKINDA

Kudüs'te her daim, özellikle de Paskalya zamanında, gezip görülecek çok şey vardır. Çünkü Paskalya zamanı, Ermenistan'dan, Yunanistan'dan, Hindistan'dan, Habeşistan'dan, kısacası dünyanın her tarafından Hıristiyanlar Kudüs'e akın ederler. Hurma Pazarı günü Fransiskenler'in başkeşişi bir eşeğin sırtına binerek, İsa'nın ıstıraplarına doğru ilerlerken geçmiş olduğu mahalleri dolaşıp, Sion Dağı'na çıkar. Başkeşişin geçtiği yollara o zaman olduğu gibi, yine hurma dalları ve giysiler serilir ve «Davut oğluna Osanna» diye bağırılır. Her kavimden Hıristiyan'ın oluşturduğu mahşeri bir kalabalık, bu kutsal kafilenin emniyetini sağlamakla görevli bir yeniçeri birliğinin refakatinde başkeşişin peşisıra gider. Kutsal Cuma günü geceyarısına doğru, doğuda Zeytin Dağı ile batıda Sion Dağı arasında kalan Kidron Vadisi'ne inmek adettendir. Orada, İsa'nın kâseyi kendisinden geçirmesi için Baba'ya yakardığı

celebrantur, in *spelunca quadam ubi Christus*
patrem orauit ut à se transferret calicem. Torrentem
autem cedron non faciunt aut flumina aut fontes,
sed pluuiæ è montibus istis decurrentes, in hac ualle
aiunt iudicium uniuersale totius mundi futurum
esse. Post omnium locorum Christi passione insig-
nium uisitationem, sepulchrum domini acceditur,
sed sub tributo, ubi ad triduum perseueratur, per-
acto triduo à sacerdotibus singularum nationum
templum domini sepulchri ter ambitur solenni more,
primo ordine Græci procedunt, deinde Armenij,
mox Iacobitæ, Georgiani, Suriani Maronitæ alijque
deinceps. Cæterum Caldæi quos ipsi uocant Habas-
sinos, palmarium mihi uidentur auferre in austeritate
ieiuniorum, horum plerique in desertum ubi Christus
ieiunauit, abscedunt, in singulos dies non nisi duo-
decim grana pisarum & aliquot radices herbarum
ad uictum auferunt, alij usque ad Dominicam
diem nihil gustant, cæterum tum largius se curant,
& quod mirum est uidebis eos macilentissimos
quidem sed hilares maxime, nunquam iurant, blas-
phemant nunquam. Pari ferme sanctitate uisuntur
Indiani.

DE IGNE

yakardığı mağarada, İsa'nın ıstıraplarını anma törenlerinin başlangıcı kutlanır. Kidron Deresi, akarsular ya da kaynaklarla değil, yalnızca sözü edilen dağlardan inen yağmur sularıyla beslenir. Mahşerin bu vadide olacağı söylenir. İsa'nın ıstırapları çerçevesinde adı bilinen bütün yerler ziyaret edildikten sonra, Efendimiz'in kabrine gidilir. Ama kabri ziyaret edebilmek için ayrıca ücret ödenmesi gerekir. Üç gün süreyle kabirde kalınır. Bu üç günün bitiminde Yunanlı rahiplerden başlamak suretiyle sırasıyla Ermeni, Yakubi, Gürcü, Nasturi, Maruni ve bütün diğer kavimlerin rahipleri, merasim alayı halinde Kabir Kilisesi'ni üç kez tavaf ederler. Kanımca, kendilerine Habeşi diyen Keldaniler perhiz adetlerinin katılığıyla hepsini geride bırakırlar. Bunların çoğu, İsa'nın perhiz yapmış olduğu çöle çekilip, günde oniki bezelye tanesi ile birkaç yabani ot kökünden başka bir şey yemezler. Geriye kalanlar ise, Paskalya gününe kadar hiçbir şey koymaz ağızlarına. Ama Paskalya'dan sonra bol bol yiyip içerler. Şaşılacak nokta, bir deri bir kemik kalmalarına rağmen, gönüllerinin hep geniş olmasıdır. Beddua ettikleri, hallerinden şikâyetçi oldukları hiç görülmez. Hintliler'de de benzer derecede derin bir sofuluk gözlemek mümkündür.

KUTSAL

DE IGNE SPIRITVS SANCTI.

Fiunt autem istæ pompæ ut ignem Sancti spiritus impetrent, qui singulis annis emicare solet, discurfat ille in speciem ardentis nubis circa altare sancti sepulchri usque ad semihoram. Subaffa autem ne Christiani se falsis miraculis iactent, solet extinguere quicquid est ignium in templo, & diligenter observare ne artificio aliquo aut machinamentis ignem excitent. Moris autem est ut si prima natio suis precibus lumen istud cæleste non impetrauerit, ut secunda ac tertia & reliqui per ordinem succedant, donec, ut sic dicam, sit perlitatum.

Aiunt lucernam primam ex eo igne incensam, nihil cremare, sed lumen tantummodo innoxium habere, id ut fama celebratum est, ita mihi compertum non est. Mane post pompam paschalem, alij ex nostris mißam celebrant in monte Caluariæ & in sepulchro domini, utrobique enim altaria funt, sed ab alijs nationibus ibi facrum mißarum non peragitur. Peractis omnibus ritibus ecclesiasticis, Guardianus nostrorum pedes lauat, in facello quod est non procul ab ecclesia cænaculi Christi, ubi ille cum
suis

KUTSAL RUH'UN IŞIĞI HAKKINDA

Bütün bu merasim alaylarının asıl amacı, her yıl bir kez parlama adeti olan Kutsal Ruh'un ışığını yaktırabilmektir. Alevden bir bulut görünümündeki bu ışık, yarım saat kadar süreyle Kutsal Kabir Kilisesi'nin altarı etrafında döner durur. Ama Hıristiyanlar'ın sahte mucizelerle övünmesinin önüne geçmek isteyen subassa, kilisedeki her türlü ateşi söndürtür ve kimse hile ya da düzenbazlıkla ateş yakmasın diye pürdikkat kesilir. Alayın başındaki kavmin duaları ışığın yanmasını sağlayamazsa ikinci sıradaki, o da olmazsa üçüncü sıradaki derken sırayla bütün kavimler, duaları yanıtlanıp mucize gerçekleşene dek birbirlerinin peşisıra çaba gösterirler.

Bu ateşle alevlendirilen ilk şamdanın içinde aslında hiçbir şeyin yanmadığı, şamdanın yalnızca tehlikesiz bir nur yaydığı söylenirse de, bu söylentileri kendi tecrübemle tasdik etme fırsatını bulamadım. Bizimkilerden bazıları, Paskalya alayından sonraki günün sabah ayinini Kafa Kemiği denen yerde ya da Efendimiz'in mezarında yaparlar. Her iki mahalde de altar bulunur. Fakat diğer kavimler ayini burada yapmazlar. Bütün bu dini vecibeler yerine getirildikten sonra Fransiskenler'in başkeşişi, bir şapelde bizimkilerin ayaklarını yıkar. Bu şapel, İsa'nın şakirtleriyle birlikte Fıshı yediği Son Yemek Kilisesi'nin

suis agnum paschalem comedit, quod ipsum quoque
Christiani imitantur uescentes ex agno assato.
Cæterum de cæremonijs alijs, rituque ac modo uisi-
tandi loca sacra, & quid ubique uel noui uel peri-
culi, quia ab alijs sepe narratum est libens omitto.
Ego autem ab Hierosolymis soluens in Hispaniam
nauigaui, ac tandem liber inter liberos Christianos
cepi agere, nec destiti quin uota illa uisitandorum
locorum sacrorum, quibus me obligaui, adimplerem.

SALVTATIO, RESPONSIO,
Valedictio, Gratiarum actio Hungarorum.

Salutatio.　Isten agsionapot io uram.
　　　　　　id est. deus det tibi bonum diem optime
Responsio. Fogags isten atciam fia.　　　(Heros.
　　　　　　id est. suscipiat deus patris mei fili.
Valedictio. Isten maragion hazad.
　　　　　　id est. Deus maneat tecum.
Responsio. Iar bekiuel serete Vram.
　　　　　　id est. I cum eius pace charissime Heros.

FINIS.　　Laus Deo.

Kilisesi'nin yakınlarındadır. Hıristiyanlar, Fısıh'ta kuzu yiyen İsa'nın anısını Paskalya'da kızarmış kuzu eti yerler. Diğer merasimleri, kutsal yerleri ziyaret etmenin türlü yol ve yordamı, bu yerleri diğerlerinden ayıran özellikler ve buraları ziyaret etmenin tehlikeleri hakkında başkaları o kadar çok şey yazıp anlatmış ki, bunları tekrar etmeye gerek görmüyorum. Bana gelince: Bir süre sonra Kudüs'ü terkedip yelkenli bir gemiyle İspanya'ya gittim ve nihayet özgür bir insan olarak özgür Hıristiyanlar'ın arasında yeni bir yaşama başladım. Kutsal yerleri ziyaret edeceğime dair vakti zamanında verdiğim sözü yerine getirmeyi de ihmal etmedim.

MACARLARIN SELÂM VERME, SELÂM ALMA, VEDALAŞMA VE TEŞEKKÜR ETME BİÇİMLERİ:

Selâm verme: Isten agsionapot io uram.
        yani: Tanrı sana güzel bir gün bağış-
        lasın, yiğitlerin yiğidi.
Selâm alma: Fogags isten atciam fia.
        yani: Tanrı kabul etsin, ey babamın
Vedalaşma: Isten maragion bazad.   (oğlu.
        yani: Tanrı seninle olsun.
Teşekkür: Iar bekiuel serete Vram.
        yani: Tanrı barışı üzerinde olsun,
        sevgili yiğlt.

Son.   Tanrı'ya övgüler olsun.

Bartholomaeus Georgievits

De captivitate sua apud Turcas
Gefangen in der Türkei
Türkiye'de esir iken

Hrsg. von Reinhard Klockow
und Monika Ebertowski

Gesellschaft für interregionalen Kulturaustausch e.V.
in Zusammenarbeit mit der Druckwerkstatt
im Kreuzberg Museum

Nach der lateinischen Ausgabe von 1544
herausgegeben, ins Deutsche übersetzt,
eingeleitet und erläutert von
Reinhard Klockow

Nach der deutschen Fassung ins
Türkische übersetzt von
Tarık Seden und Nilgün Yüce

Handgesetzt von Wolfgang Kuhmann
und Monika Ebertowski

Von den historischen Holzschnitten und
dem lateinischen Handsatz wurden für
den Druck Metallklischees hergestellt

Auf dem Heidelberger Tiegel gedruckt von
Rolf Dralle

Mit Illustrationen von
Hanefi Yeter

Umschlaggestaltung: Ellen Röhner

Vorsatzpapier (mit Motiven von H. Yeter): Horst Dralle

Gebunden von Lüderitz & Bauer, Berlin-Kreuzberg

Unterstützt durch das Kunstamt Kreuzberg

Holzschnitte aus: Exemplar Ui 8800 R
der Staatsbibliothek zu Berlin — Preußischer Kulturbesitz

ᔧ ᔧ ᔧ

Georgievits, Bartholomaeus:
De captivitate sua apud Turcas: Gefangen in der Türkei; Türkiye'de
esir iken/Bartholomaeus Georgievits. Hrsg. von Reinhard Klockow
und Monika Ebertowski
Berlin: Gesellschaft für interregionalen Kulturaustausch e.V./
Druckwerkstatt im Kreuzberg Museum, 2000
ISBN 3-9804686-7-4
Einheitssacht.: De ritibus et differentiis Graecorum et Armeniorum ...
‹dt./türk.›

EINFÜHRUNG

Das Büchlein, das hier im lateinischen Original und zugleich erstmals in deutscher und türkischer Übersetzung vorgelegt wird, war lange vergessen. Erschienen vermutlich im Jahre 1544, blieb es über Jahrhunderte unbeachtet, bis ein Philologe des 20. Jahrhunderts, Franz Kidrič, es wieder entdeckte und nachwies, daß der im Titel genannte Autor Bartholomaeus Georgii identisch sein muß mit Bartholomaeus Georgievits (die Schreibweise des Namens variiert), dem Verfasser weit verbreiteter Schriften über die Türkei im 16. Jahrhundert. Dieser Bartholomaeus Georgievits, ungarisch-kroatischer Abstammung, geriet als junger Mensch 1526 in der Schlacht von Mohacs in türkische Gefangenschaft, wurde als Sklave verkauft und kehrte erst um 1538, nach einer abenteuerlichen Flucht und einem längeren Aufenthalt in Jerusalem, nach Europa zurück. Dort reiste er als Türkeiexperte von Land zu Land und veröffentlichte eine Reihe kleinerer Schriften, die er 1552 zu seinem vielfach nachgedruckten und übersetzten „Türkenbüchlein" *(Libellus ... diuerſas res Turcharum breui tradens)* zusammenfaßte. Etwa seit dieser Zeit muß er in Italien gelebt haben, wo sich seine Spur nach 1566 verliert.

Auffällig ist, daß Georgievits bei seiner rastlosen publizistischen Tätigkeit, die großenteils in Neuausgaben und Neuarrangements seiner Opuscula bestand, das hier vorgestellte Büchlein nicht berücksichtigt. Immerhin enthält es als Kernstück einen autobiographischen Bericht über seine Gefangenschaft in der Türkei, also die Periode, die ihm die Legitimation für seine spätere Rolle lieferte. Über die Gründe dafür kann man nur spekulieren. Einer davon war

vermutlich die Tatsache, daß manche seiner späteren Behauptungen über Dauer und Härte der Gefangenschaft durch diesen Bericht nicht gedeckt werden. Beim Nachrechnen kommt man auf etwa neun Jahre als Sklave statt der später behaupteten 13 Jahre, und von der Anfangszeit abgesehen, scheint es dem Gefangenen in der Türkei relativ gut gegangen zu sein. Überhaupt ist dieser Bericht über weite Strecken in bemerkenswerter Weise frei von den rhetorisch-propagandistischen Versatzstücken des Türkendiskurses seiner Zeit. Der Autor entwirft ein höchst anschauliches Bild der Lebensverhältnisse in der Türkei in der ersten Hälfte des 16. Jahrhunderts. Aus der Menge der Figuren ragt die eindrucksvolle Gestalt von Georgievits' letztem Herrn heraus, einem osmanischen Würdenträger, dessen aufgeklärte Toleranz an die eines Nathan oder Saladin gemahnt und die engstirnige Denkweise seines christlichen Sklaven weit hinter sich läßt.

Wir geben den Text ungekürzt mit dem zeittypischen Beiwerk von Vorreden und Widmungsgedichten wieder. Die haßerfüllte antiislamische Polemik dieser Gedichte ist bei aller Widerwärtigkeit auch lehrreich, kennzeichnet sie doch das geistige Klima, in dem die Türkenschriften des Georgievits entstanden.

Wie die Erstausgabe von 1544 wurde auch diese Ausgabe im Handsatz, Buchstabe für Buchstabe, Zeile für Zeile gesetzt. Sie hält sich bis in die Details von Orthographie und Interpunktion an die Vorlage. Über Einzelheiten der Textgestaltung gibt der editorische Bericht im Beiheft Auskunft. Dort finden sich auch die Sacherläuterungen, mit denen der lateinische Text und seine Übersetzungen nicht belastet werden sollten.

Reinhard Klockow

PEREGRINVS

GEORGIEVITS

HIEROSOLYMITANVS.

BARTHOLOMAEVS

ficabo hostiã laudis.

Diru

Pili dñe Vincula mea disrupisti

Deus Israel dux eius
fuit, & non erat cum
eo Deus alienus. Pf.

❧ Bartholomæi

GEORGII PANNONII

De ritibus & differentijs Græcorum & Ar-
meniorum: tum etiam de captiuitate illius,
de cæremonijs Hierofolymitano-
rum in die Pafchatis ce-
lebrandis libellus.

Additis nonnullis uocabulis & falu-
tationibus in lingua uernacula
Hungarica fua, cum inter-
pretatione latina.

Cum priuilegio Cæfareæ Maieflatis
ad Biennium.

TOTA LEX.
Εκκλινον ἀπὸ κακῦ, καὶ
ποίησον ἀγαθόν.
Declina a malo, &
fac bonum. Pſal 33.

ʃ❧ Bartholomaeus

GEORGII AUS PANNONIEN

Ein Büchlein über die religiösen Gebräuche der Griechen
und Armenier und ihre Unterschiede; sodann
auch über seine eigene Gefangenschaft
sowie über die Feierlichkeiten in
Jerusalem am Ostertag.

Ergänzt durch einige Wörter und Grußformeln
in seiner ungarischen Muttersprache,
versehen mit einer lateinischen
Übersetzung.

Mit kaiserlichem Privileg
auf zwei Jahre.

IACOBI IASPARIDANI
Cimbri Arhufienfis, publici lectoris Græci,
in libellum hunc Bartholomæi
Hungari fui amiciffimi.

Si modo Pythagoras laudetur ob oppida uifa,
  Regna, urbes paucas, & peragrata loca.
Magnus Ariftocles, humeris Plato dictus ab altis.
  Si meruit laudes ob loca uifa fibi.
Si meruit prudens, fimulac facundus Vlyffes
  Laudari fcriptis multus Homere, tuis.
Magne tuis idem celebrari fi βασίλειε
  Commeruit dictis iugiter, atque libris.
Quod mores hominum multorum uidit, & urbes
  Vt ceciniftis enim comptius ambo libris.
Siue Solon fapiens, Saba feu regina uetufta,
  Scriptis fint meriti, carmine, laude uehi.
Denique fi meritis Mithridates rex Polygloffos
  Dignus & attolli laudibus affiduis.
Quò magis hic iftis uenerandus Bartholomæus
  Hungarus, ac nofter fufpiciendus erit?
Quippe locos plures, multò quia uidit, & urbes
  His perluftrauit oppida plura fimul.
                                    Euphratem,

DER DÄNE JACOBUS JASPARIDANUS AUS ARHUS, ÖFFENTLICH BESTALLTER LEHRER DER GRIECHISCHEN SPRACHE, AUF DIESES BÜCHLEIN SEINES GUTEN FREUNDES BARTHOLOMAEUS AUS UNGARN

Wenn man den Pythagoras rühmt wegen der Städte, die er gesehen hat, wegen der Königreiche, der wenigen Metropolen und der Gegenden, durch die er gekommen ist; wenn der große Aristokles, nach seinen breiten Schultern Platon genannt, Ruhm verdiente wegen der Länder, die er gesehen hat; wenn der ebenso kluge wie redegewandte Odysseus, der Umtriebige, es verdiente, in deinen Schriften, Homer, gerühmt zu werden; wenn, König Magnes, du großer König, derselbe Held es wert war, unablässig durch deine Worte und Werke gepriesen zu werden, weil er die Sitten vieler Menschen und viele Städte sah, wie ihr es beide so kunstvoll in euren Büchern besungen habt; oder wenn der weise Solon, wenn die alte Königin von Saba es verdient haben, in Schriften, in Gedichten, in Lobsprüchen dargestellt zu werden; wenn schließlich dem vielsprachigen König Mithridates seine Verdienste zu Recht zuerkannt wurden und er würdig ist, durch unablässige Lobsprüche gepriesen zu werden: Um wieviel mehr als all diese muß dann unser ehrwürdiger Bartholomäus aus Ungarn bewundert werden? Sah er doch viel mehr Orte, kam er doch durch viel mehr kleine und große Städte als sie alle. Den Euphrat, den Tigris, den

Nil

11

Euphratem, Tigrim, Nilum, Babylonaque uidit,
  Ac Solymas arces uidit, & Armenios.
Vis ne fidem dictis faciam, quod plura uideret,
  Orbem Christiadúm, post ea penè uidens?
Et didicit linguas iam plures is Mithridate,
  Dignus in hic aula Carole quinte, tua est.
Conditione bona dignissimus esset, & ampla,
  Præbuit hanc nuper quam tuus hostis ei,
Te propter renuit constans: propterque sororem
  Reginam Mariam, fidus utrique manens.

IACOBVS SYLVIVS
Lectori.

Si iuuat ambiguos Lector cognoscere casus
  Fortunæ, & ueris ingemuisse malis.
Hunc lege, qui paruo miseranda exempla libello
  Exhibet, & coràm quæ tulit, ipse refert.
Turcarum sæuis hic pressus colla catenis,
  Sese ausus duro est subtrahere ipse iugo.
Dumque fugit dominos crudeleis, aspera multa
  Pertulit. Hîc legitur fabula nulla tibi.
                    IN LIBELLVM

Nil und Kairo sah er, er sah die Zinnen von Jerusalem, sah die Armenier. Soll ich ihm nicht Glauben schenken, wo er doch mehr gesehen hat, er, der später auch fast die ganze christliche Welt besuchte? Und er lernte noch mehr Sprachen als jener Mithridates. Er ist würdig, an deinem Hof zu sein, Karl der Fünfte. Er wäre in höchstem Maße einer guten und bedeutenden Stellung würdig, wie sie ihm vor kurzem dein Feind angeboten hat; aber um deinetwegen hat er sie standhaft abgelehnt, und auch um deiner Schwester willen, der Königin Maria; denn euch beiden hielt er die Treue.

JACOBUS SYLVIUS
AN DEN LESER

Wenn es dich ergötzt, Leser, die Wechselfälle des Schicksals kennenzulernen und zu seufzen über wahrhaft erlebte Leiden, dann lies diesen Autor, der in einem kleinen Büchlein mitleiderregende Beispiele vorführt und selbst der Öffentlichkeit berichtet, was er erduldete. Den Hals von den grausamen Ketten der Türken niedergedrückt, wagte dieser Mann es, sich dem harten Joch auf eigene Faust zu entziehen, und auf der Flucht vor den grausamen Herren ertrug er viele Widrigkeiten. Hier bekommst du keine Märchen zu lesen.

AUF DAS

IN LIBELLVM BARTHOLOMÆI
Georgij, P. H.

Quòd uarios homines, uarias quòd uiderit urbeis
   Neritij nomen, notaque fama ducis.
Raptus at à Turcis in uincula Bartholomæus,
   Neritio errauit per loca plura, duce.
Hic Afianorum, atque Arabum diſtractus in oras,
   Quæ tulit, eſt teſtis dura πενεία comes.
Ille Ithacen inter iactatus, & Ilion inter,
   Clarior ingenio eſt factus Homere, tuo.
Hic maris & terræ diſcrimina maxima fenſit,
   Ille fed expertus fola pericla maris.
Hunc Mahumetæus prenſans canis ore minaci
   Eſſe canem uoluit, noluit eſſe canis.
Illius at focijs in monſtra latrantia uerſis,
   Circæis Philtris forma canina manet.
Impia Turcarum fugeret dum regna, reuerſus
   Europam hic tandem, numine Chriſte, tuo.
Sed Pallas, malus, cera, à Syrenibus illum
   Iuuit, & auſpicibus flatibus acta ratis.
Quid multa? hic dignus, celebret quem muſa Ma-
   Mæonij uatis dignus & ore cani.   (ronis,
                                 Aliud

AUF DAS BÜCHLEIN VON BARTHOLOMAEUS
GEORGII, DEM JERUSALEMPILGER

Weil er viele Menschen und weil er viele Städte gesehen
hat, kennt man den Namen und die Sagen des Heerführers
aus Ithaka; doch der von den Türken in Fesseln gelegte
Bartholomaeus irrte durch mehr Länder als der Heerführer
aus Ithaka. Was dieser ertrug, als man ihn durch asiatische
und arabische Gefilde schleppte, bezeugt nur seine Gefähr-
tin, die bittere Armut; jener, der zwischen Ithaka und Ilion
umhergetrieben wurde, wurde durch dein Genie, Homer,
weithin berühmt. Dieser bekam zu Land und zu Meer die
größten Bedrängnisse zu spüren, jener dagegen erlebte nur
die Gefahren des Meeres. Diesen hatte der mahometische
Hund mit seinem drohenden Maul ergriffen und wollte
ihn zum Hunde machen, er aber wollte kein Hund sein;
jenes Gefährten aber, als sie in bellende Bestien verwandelt
worden waren, behielten dank der Zaubertränke der Circe
ihre Hundegestalt. Dieser kam, als er aus dem gottlosen
Reich der Türken geflohen war, endlich nach Europa zurück, weil du es so wolltest, Christus; jenen aber schützten
Pallas Athene, der Mastbaum und das Wachs vor den
Sirenen, außerdem die günstigen Winde, die sein Schiff
trieben. Wozu der vielen Worte? Dieser ist würdig, daß
die Muse Vergils ihn preist, und er ist würdig, durch den
Mund Homers besungen zu werden.

EIN

15

Aliud ad eundem.

Vt Plato Barbatus luſtrarit plurima, doƈo
  Hungare luſtraſti plura Platone ſagax.
Multa Stagyrites, quæ ſunt miranda, reliquit:
  Tu profers magnos quæ latuere Sophos.
Plurima ſunt Plini, ſunt Claudi, ſuntque Strabonis
  Atque Melæ ſcripta, hæc ſed monimenta noua.
Multa etiam referunt Egnatius atque Philelphus,
  Multaque cum Iouio Cuſpiniane refers.
Turcarum at cultum & mores ſic pingis, ut illi
  Nil referant ſcripta ad Bartholomæe, tua.
Addis & iſtorum linguas, nec grammata omittis,
  Quæ doƈos fallunt, hac regione uiros.

EIN ANDERES GEDICHT FÜR BARTHOLOMAEUS

Mag auch der bärtige Platon sehr viele Gegenden bereist haben: Du, scharfsinniger Ungar, hast noch mehr Länder bereist als der gelehrte Platon. Viele bewundernswerte Werke hinterließ Aristoteles aus Stagira: Du aber machst Dinge bekannt, die den großen Weisen unbekannt waren. Von Plinius, Claudius, Strabo und Mela gibt es viele Schriften: Dies hier aber sind neue Denkwürdigkeiten. Vieles berichten auch Egnatius und Philelphus, viel auch berichtest du, Cuspinian, zusammen mit Giovio: Du aber, Bartholomaeus, schilderst die Sitten und Gebräuche der Türken so, daß jene Berichte für deine Schriften ohne Bedeutung sind. Du fügst auch die Sprachen jener Völker bei und übergehst auch nicht die Schriftzeugnisse, von denen die Gelehrten hierzulande keine Ahnung haben.

17

ORNATISSIMO AC REVE-
rendo uiro, D. PHILIPPO de Le-
fpinoy, Præposito Ecclefiæ Colle-
giata diuæ Pharaildis Gan-
denfis Bartholomæus Ge-
orgius Peregrinus
Hierosolymitanus Salutem Dicit

HOC *Boni mihi peperit mea feruitus*
eruditißime uir, quod me per uaria
loca & prouincias horfum illorfum,
quafi pilam, iactauit: non enim
minus rituum ingeniorum, morumque cognoui quàm
mala perpeßus fum, quæ ideo libuit fcribere, ut ij
quos fortuna abftrahet à talibus malis, mifericordia
profequantur eos, quos tempeftas in eam calami-
tatem abripuerit: & ut ij, quos fimile naufragium
demerfit, habeant ex fcriptis meis aliquid confilij,
quo utantur. Id autem libelli, uir omni humanitate
excellentißime, tibi confecrandum exiftimaui, quo
teftarer me, ut nullam habeo facultatem repen-
fandorum beneficiorum, quæ in me contulifti, ita
animum habere longè gratißimum: & qui ut in
recordatione

18

DEM HOCHGEEHRTEN UND HOCHWÜRDIGEN
HERRN PHILIPP DE LESPINOY,
PROPST DER STIFTSKIRCHE
SANKT PHARAILDIS ZU GENT,
ENTBIETET SEINEN GRUSS
BARTHOLOMAEUS GEORGIUS,
DER JERUSALEMPILGER

Diesen Vorteil hat mir meine Knechtschaft eingebracht, hochgebildeter Herr, daß sie mich durch mannigfaltige Länder und Provinzen wie einen Ball hin und her schleuderte; denn dabei habe ich nicht weniger Sitten, Temperamente und Gebräuche kennengelernt als Leiden durchgestanden. Und all das wollte ich deshalb aufschreiben, damit einerseits die, welche das Schicksal von solchen Leiden verschont, denen mit Mitleid begegnen, die der Sturm in jenes Unglück riß, und andererseits diejenigen, welche ein ähnlicher Schiffbruch in die Tiefe zog, in meiner Schrift einiges an Rat finden, dessen sie sich bedienen können. Dieses Büchlein aber glaubte ich Euch widmen zu sollen, einem Mann, der sich durch allseitige Bildung und Menschlichkeit auszeichnet, um Euch damit folgendes zu bezeugen: wiewohl ich keinerlei Möglichkeit habe, Euch die Wohltaten zu vergelten, die Ihr mir erwiesen habt, so hege ich doch die allerdankbarste Gesinnung gegen Euch; und wie mich
die

recordatione tuæ beneuolentiæ plurimum exhilara-
tur, ita plurimum dolet quòd præter hanc ſignifi-
cationem gratitudinis, quæ in leui officio in-
ſcribendi libelli conſiſtit, nullam aliam
inuenire poteſt. Sed tu pro humanitate
nugas tui clientis non illibenti
aut iniquo animo recipies.
Vale Louanij Idibus Martis.

die Erinnerung an Euer Wohlwollen am meisten freut, so schmerzt es mich am meisten, daß ich außer diesem Zeichen meiner Dankbarkeit, das in dem kleinen Dienst der Widmung dieses Büchleins besteht, kein anderes finden konnte. Aber Ihr werdet bei Eurer Bildung und Menschlichkeit die kleinen Versuche Eures Dieners nicht unwillig oder ungnädig aufnehmen.

Lebt wohl!   Löwen, den 15. März

QVOMODO CAPTIVVS
deductus in Turciam.

*P*OST *aliquot annos ab expugnatione Albæ regalis, quam Sclauonicè, Belgradum: Hungaricè, Feiruar appellant: cum Solymannus traiecto Danubio cum Ludouico rege Hungariæ in campis Mohatſmezucis, fœliciter dimicaſſet, uictoria potius fraude, quàm uiribus parta, ut ferme omnia illius, noſtrique aut in prælio abſumpti, aut in paludibus ſubmerſi erant: inter reliquos captiuos quorum pars minima fuit, ego quoque unus extiti: amor enim me mei Mœcenatis, Epiſcopi Strigonienſis aduleſ-centem etiamnum, in bellum pertraxit: quo occiſo, cum reliquis captiuis per aſpera & montoſa loca, nunc nudis pedibus, nunc unica ſolea ima ueſtigia tantummodo prætegente, ducebar: quam ſuperne tenijs reuinciunt, ipſi ſua lingua* Tſaroch *dicunt: manus autem mihi in tergum retortæ, & ne uel motus ullus liber à tergo eſſet, baculum tranſuer-ſum per dorſum inter cubitos inſerebant, ea res magis uinctum quàm nodi cruciabant. Veſperi nihil ex uinculis alleuantes, pedes quoque con-ſtringebant,*

Errata

S. 23: statt **slawisch**
lies: **slawonisch.**

S. 63: ein dick gekochter
Most aus Trauben und
Weizen:
Vgl. die Korrektur im
Beiheft.

Zur Namensform
(Georgius / Georgii) vgl.
den Editorischen
Bericht im Beiheft

.

WIE ICH ALS GEFANGENER
IN DIE TÜRKEI GEBRACHT WURDE

Einige Jahre nach der Eroberung von Alba regalis, das
auf slawisch Belgrad, auf ungarisch Feiruar heißt, überschritt Solyman die Donau und kämpfte auf dem Schlacht-
feld von Mohacs erfolgreich gegen Ludwig, den König
von Ungarn, wobei ihm der Sieg, wie fast alle seiner Er-
folge, mehr durch Hinterlist als durch Stärke zufiel; die
Unsrigen fielen entweder im Kampf oder kamen in den
Sümpfen um. Unter den verbliebenen Gefangenen, deren
Zahl verschwindend gering war, befand auch ich mich,
ganz alleingelassen; denn die Liebe zu meinem Gönner,
dem Bischof von Gran, hatte mich, obwohl ich noch ein
Jüngling war, mit in den Krieg ziehen lassen. Der aber
war gefallen, und so wurde ich mit den übrigen Gefangenen durch rauhe Gebirgsgegenden weggeführt, bald bar-
fuß, bald nur in Sandalen, die gerade eben die Fußsohlen
schützen und oben mit Riemen festgeschnürt werden —
in ihrer Sprache *Tsaroch* genannt. Die Hände aber hatten
sie mir auf den Rücken gedreht, und damit ich auch hin-
ten nicht die geringste Bewegungsfreiheit hätte, schoben
sie mir einen Stock quer über den Rücken zwischen die
Ellbogen, und das bereitete mir in meiner Fesselung mehr
Qualen als die Knoten der Stricke. Abends lockerten sie
die Fesseln keineswegs, sondern banden auch die Füße
zusammen, und so kam es, daß wir die Nacht nur mit

Jammern

ſtringebant, ita fiebat ut nox non niſi lamentis &
eiulationibus traduceretur, id quod illi libentiſſime
audiunt: credunt enim in ſilentio captiuos excuſſis
uinculis, aufugiſſe: quamobrem quandiu audiunt
complorationes, iacturam mancipiorum non formi-
dant, ita per ſeptem dies miſerrime habitus ſum:
quòdſi quando equitantis domini curſum adæquare
non poteram, funibus ab ephippio ad meas ceruices
religatis, circumraptabar. Poſtquàm autem ad man-
gones deductus eram, qui procul à prælio conſti-
terant, à quibus in Macedoniam deductus, in ciui-
tatem ipſorum lingua Gallibol dictam, ibi quidam
apoſtata, qui à noſtra fide defecerat, quærit num
aquas diuendere noſſem: Aio me in ea re artificem
eſſe, malebam enim ſub nouo domino periclitari,
quàm ſub mangone certò perire: is me emit quadra-
ginta ducatis, ſed ea lege, ut ſi eius rei de qua me
iactaueram imperitus eſſem, mancipium redhiberet.
Vendendæ autem aquæ ea eſt ratio. Aſinus hinc
inde duobus utribus aquæ oneratur, agaſo aquam
uenalem uicatim proclamat, precium pro certa men-
ſura colligit. Emptus igitur, ad fontes unde aqua
haurienda, à domino deducor, commonſtrantur
ædes

Jammern und Wehklagen hinbrachten — was sie aber sehr gerne hören: denn wenn es still ist, glauben sie, die Gefangenen hätten sich von ihren Fesseln befreit und seien geflohen. Solange sie also Wehklagen hören, fürchten sie keinen Verlust von Sklaven. So ging es mir sieben Tage lang ganz elend. Wenn ich aber einmal mit meinem Herrn, der zu Pferde saß, nicht mithalten konnte, dann band man mir vom Sattel aus einen Strick um den Nacken und schleifte mich mit.

Als ich aber zu den Sklavenhändlern gebracht worden war, die sich weit vom Kampfplatz entfernt niedergelassen hatten, nahmen sie mich mit nach Makedonien in eine Stadt, die in ihrer Sprache Gallibol heißt. Dort fragte mich ein Renegat, der von unserem Glauben abgefallen war, ob ich wüßte, wie man Wasser verkauft. Ich sagte, daß ich ein Experte darin sei, denn ich wollte lieber unter einem neuen Herrn in Schwierigkeiten geraten als bei einem Sklavenhändler den sicheren Tod sterben. Er kaufte mich also für vierzig Dukaten, allerdings unter der Bedingung, den Sklaven (also mich) zurückgeben zu können, wenn ich von dem, womit ich mich angepriesen hatte, keine Ahnung hätte. Der Verkauf von Wasser läuft so ab: Auf einem Esel werden zu beiden Seiten Wasserschläuche geladen, der Eseltreiber bietet das Wasser von Gasse zu Gasse durch Ausrufen feil und kassiert den Preis entsprechend der abgemessenen Menge. Nachdem mich nun mein Herr gekauft hatte, führte er mich zu den Brunnen, aus denen ich das Wasser schöpfen sollte, und zeigte mir die Häuser,

ædes in quas potiſſimum aquam uenalem depor-
tarem. Miſerè principiò ſuccedebat, tandem ali-
quantò melius artem tractaui. Vbi iam cœperam
de hoc miniſterio domino placere, initur pactum
inter nos, ut ſi ex illis lucellis triplum corraderem,
quàm pro meo capite datum fuit, liber abirem cum
ipſis utribus: placebat conditio, ac iam inde ad quæ-
ſtum attentiſſimus fui. Cæterum ubi me comperiſſet
ritus & feſtos dies Chriſtianos obſeruare, timens
fugam mangonibus reddidit, qui ultra Helleſpon-
tum in Bruſiam deductum, ad paſcendas oues Cara-
manis tradiderunt: ibi cum pedo oues pulſarem,
ſtatim intellexit me dominus nihil paſtoriæ artis
cognoſcere, minatus eſt me ad uenditores reportare,
nam ea lege emerat, ut ſi ei inutilis eſſem, liceret
emptionem reſcindere, & precium recuperare, uerum
ubi reſpondiſſem me in paſcendis ouibus ritum meæ
patriæ ſecutum fuiſſe, ignouit, & mores eius regionis oſtendit: mox ubi cognouiſſet ex alijs paſto-
ribus conſeruis meis, me in cortice arboris nomina
regionum annotauiſſe, ſuſpicatus conſilium fugæ
utribus me mercatoribus reſtituit. Poſtquam iam
tertiò ad eoſdem mangones quaſi mala merx red-
ijſſem,

26

Häuser, in die ich das feilgebotene Wasser in erster Linie bringen sollte. Anfangs lief es ganz schlecht, aber schließlich beherrschte ich das Handwerk etwas besser. Als ich allmählich mit meiner Arbeit Anklang bei meinem Herrn fand, schlossen wir folgenden Vertrag: Wenn ich aus meinen kleinen Einnahmen das Dreifache dessen zusammenbrächte, was er für meinen Kopf bezahlt hatte, wäre ich frei und dürfte die Wasserschläuche behalten. Diese Bedingung sagte mir zu, und von da an war ich mit meiner ganzen Aufmerksamkeit aufs Geldverdienen bedacht. Aber als mein Herr erfuhr, daß ich mich an die christlichen Gebräuche und Feiertage hielt, da fürchtete er, daß ich ihm weglaufen könnte, und gab mich an die Sklavenhändler zurück.

Diese brachten mich über den Hellespont nach Brusia und verkauften mich als Schafhirten an Leute aus Karaman. Als ich dort mit dem Hirtenstab auf die Schafe einprügelte, merkte mein Herr sofort, daß ich nichts vom Schäferhandwerk verstand, und drohte, mich an die Händler zurückzugeben; denn er hatte mich unter der Bedingung gekauft, daß er den Kauf rückgängig machen und das Geld zurückfordern könnte, falls ich mich als unbrauchbar erwiese. Aber als ich ihm erwiderte, ich hätte mich beim Schafehüten an meine heimatlichen Sitten gehalten, da verzieh er mir und zeigte mir, wie man es in dieser Gegend machte. Doch bald erfuhr er von den anderen Hirten, meinen Mitsklaven, daß ich mir auf Baumrinde die Namen der Landstriche notierte; da vermutete er Fluchtpläne bei mir und gab mich an die alten Händler zurück.

Als ich nun schon zum dritten Male wie eine schlechte Ware an dieselben Händler zurückgegangen war, stellten sie

ijssem, expostularunt mecum quod malæ frugis
essem, adiectis minis nisi melius me gererem, fame
& siti in ergastulo periturum esse. Dixi me oppres-
sum esse calumnijs, alioquin me officio frugi serui
non defuisse. Vendor igitur denuò ut opilionem
agerem, maiori precio nimirum quinquaginta ducatis: & rem iam collecta arte dexterius tractaui, &
omnino peritiam literarum dissimulaui, una cum
cultu Christiano: ubi in solitudine eram, liberrime
preces ad Deum fudi. Verum ubi comedendum
erat, ijs diebus quibus ieiunia Christiani seruant,
ægrotum me finxi, ut abstinentia ciborum, non
religionis, sed morbi uideretur. Sed quia soli
domini tentoria habent quæ de loco in locum
transferunt: serui autem sub dio cubant, sæpe
uel obrutus niue, uel pluuia madidus, hybernas
noctes toleraui, sæpe non minus uliginis infrà
corpus, quàm superne niuium sustinens, nam
ubi desunt frondes, nudæ telluri incubandum est.
Hanc miseriam septem mensibus tuli, omnia tamen
malens, quàm ad mangones tam infœliciter me
uenditantes reuerti.

Accessere

sie mich zur Rede, weil ich ein Taugenichts wäre, und drohten mir sodann, wenn ich mich nicht besser aufführte, würde man mich in einem Zuchthaus verhungern und verdursten lassen. Ich sagte, ich sei das Opfer von Verleumdungen geworden, im übrigen hätte ich die Pflichten eines braven Sklaven nicht versäumt. So wurde ich also erneut als Hirte verkauft, und zwar zu einem höheren Preis, nämlich für fünfzig Dukaten, und da ich das Handwerk inzwischen gelernt hatte, stellte ich mich geschickter an. Dabei verheimlichte ich sorgsam, daß ich lesen und schreiben konnte, ebenso auch meine christlichen Glaubenspraktiken. Nur wenn ich in völliger Abgeschiedenheit war, ließ ich meinen Gebeten zu Gott freien Lauf. Aber wenn es an den Tagen, an denen die Christen fasten, zum Essen ging, tat ich, als ob ich krank wäre, damit es so aussah, als ob ich nicht wegen meiner Religion, sondern wegen meiner Krankheit auf Speisen verzichtete. Weil aber nur die Herren Zelte haben, welche sie von Ort zu Ort mitnehmen, die Sklaven hingegen unter freiem Himmel schlafen, verbrachte ich die Winternächte oft von Schnee bedeckt oder vom Regen durchnäßt, oft mit ebensoviel Morast unter mir wie Schnee auf mir; denn wo es keine Blätter gibt, muß man auf dem nackten Boden schlafen. Dieses Elend ertrug ich sieben Monate lang; aber all das war mir lieber, als zu den Händlern zurückzukehren, die mich mit so wenig Glück immer wieder verkauft hatten.

Hinzu

Accessere & aliæ ærumnæ, nam & lignandum erat pro dcminis, & lauandum, & nendum, usque in mediam noctem muliebri more, ac pro tantis laboribus exiguum quiddam pulmenti esitandum. Iam ueterator factus eram & domini bona in peculium interuertebam, erat in proximo quidam Saracenus publicus totius ciuitatis pastor, huic de meo grege multa corpora uendebam, circiter uiginti, partim precio, partim ut assatarum carnium particeps essem, à quibus religiosius herus me uolebat abstinere, quàm Carthusianum, hac pecuniola fugam instruens, sed hoc non licuit sub hoc domino, qui prius mortuus est quàm fugam tentarem. Mortuo igitur domino, in alterius potestatem transii: cæterum ut ditioris, ita multò auarioris: inter reliqua seruitia fuit quidam Alemannus patria Viennensis, huic socius adiunctus sum in curandis gregibus, sed ego nactus conseruum ex animi sententia, statim cum eo de fuga consultabam, pecuniolam quam furtim corraseram, expendi in emenda securi, sale, funibus, alijsque ferramentis, ad excutiendum ignem idoneis: hæc enim necessaria instrumenta sunt ad moliendam fugam, eius rei nobis emendæ

30

Hinzu kamen noch andere Plagen; denn man mußte auch Holz sammeln für die Herren, man mußte auch bis Mitternacht nach Weiberart waschen und weben, und für all diese Mühen gab es nur ein kümmerliches bißchen Brei zu essen. Ich war inzwischen schon ein alter Hase und zweigte vom Besitz meines Herrn einiges in die eigene Tasche ab. In der Nachbarschaft gab es einen Sarazenen, den Gemeindehirten der ganzen Ortschaft. Dem verkaufte ich viele Stücke aus meiner Herde, ungefähr zwanzig, teils für Geld, teils um etwas von dem gebratenen Fleisch abzubekommen, von dem mich mein Herr ängstlicher fernzuhalten strebte als einen Kartäuser. Mit diesen kleinen Summen bereitete ich meine Flucht vor; aber dazu sollte es unter diesem Herrn nicht mehr kommen: er starb, bevor ich einen Fluchtversuch unternehmen konnte. Nach dem Tode dieses Herrn kam ich in die Gewalt eines anderen, der viel reicher und entsprechend auch viel geiziger war. Unter seinen sonstigen Sklaven war auch ein Deutscher aus Wien, dem ich zum Schafehüten beigesellt wurde. Ich aber hatte nun einen Mitsklaven ganz nach meinem Herzen gefunden, und sofort beriet ich mich mit ihm über die Flucht. Das bißchen Geld, das ich heimlich zusammengekratzt hatte, gab ich aus, um ein Beil, Salz, Stricke und weitere Eisengeräte zum Feuerschlagen zu kaufen. Denn diese Dinge braucht man zur Flucht. Die Gelegenheit,

emendæ copiam fecit quidam Calaber, qui feruitu-
tem exuerat: noctu igitur fuga incepta eſt. Cæterum
dum uitamus omnium hominum frequentiam, nouem
diebus in ſolitudine erratum eſt: Tandem uenimus
ad mare Helleſponticum, ibi materia cæſa, &

funibus colligata, ratem facimus, quicquid erat
ueſtium pro uelo expanditur, ac iam dimidium
itineris emenſi eramus, cum uentus cœpit ex aduer-
ſo

Gelegenheit, das alles zu besorgen, verschaffte uns ein Kalabrier, der von der Sklaverei freigekommen war. Bei Nacht traten wir dann die Flucht an. Da wir jeder Ansammlung von Menschen auswichen, irrten wir neun Tage lang durch die Einöde. Endlich kamen wir zum Hellespont. Dort schlugen wir Baumstämme, banden sie mit Stricken zusammen und bauten ein Floß; alles, was wir an Kleidung hatten, breiteten wir als Segel aus. Schon hatten wir die Hälfte der Strecke durchmessen, da schlug der Wind um.

So

ſo ſlare, atque inde faſtum ut in ea iaſtatione &
à luce & à Turcis Conſtantinopolim nauigantibus,
deprehenſi ſimus, ac uincti in carcerem recludere-
mur, ibidemque detenti ſumus tribus menſibus,
donec ab hero ſuperueniente agnoſceremur. Fruſtra
igitur ſuſcepta tanta molitione, rogaui dominum ut
me uel uenderet uel occideret, ne denuò in eum pec-
carem, me enim eſſe tali ingenio, ut ad primam
quanque occaſionem non eſſem omiſſurus fugæ con-
ſilium. Ille ut erat auarus, ne morte mea precium
quod pro meo capite dederat, amitteret, uenum
producit, idque per multos dies fruſtra, magno
enim me emerat, & uix tantidem potuit reuendere,
nimirum quinquaginta ſeptem ducatis: inuentus
eſt tandem agricola qui id precij daret, mox abdu-
cor ad rus colendum, arabat in proximo herus ut
mihi formam colendi edoceret, commonſtrato ali-
quandiu exemplo, ob quædam negocia ad mille
fermè paſſus inde diſceſſit, iniuncta mihi certa
menſura arandi agri, interminatus dira, niſi eam
operam abſoluerem. Cæterum appetente meridie
boues feruore æſtuantes, ad proximum fluuium cum
aratro contendunt. Ibi dum renitor ne abeant, &
rurſum

So kam es, daß wir in dieser schwankenden Lage vom Tageslicht und von Türken überrascht wurden, die nach Konstantinopel segelten. Wir wurden gefesselt in ein Gefängnis gesperrt und dort drei Monate lang in Haft gehalten, bis unser Herr kam und uns als seine Sklaven identifizierte. Als ich nun diesen gewaltigen Aufwand umsonst unternommen hatte, bat ich meinen Herrn, mich entweder zu verkaufen oder zu töten, damit ich mich nicht von neuem an ihm verginge; denn mein Charakter sei nun einmal so, daß ich bei der erstbesten Gelegenheit meine Fluchtpläne sicher verwirklichen würde. Da jener aber geizig war und nicht durch meinen Tod das Geld, das er für mich bezahlt hatte, verlieren wollte, stellte er mich zum Verkauf, und zwar viele Tage lang vergeblich; denn er hatte mich für teures Geld gekauft und konnte mich nur mit Mühe zum selben Preis verkaufen, nämlich für 57 Dukaten. Schließlich fand sich ein Bauer, der diesen Preis zahlte.

Bald darauf wurde ich mitgenommen, um Feldarbeit zu verrichten. Mein Herr pflügte dicht bei mir, um mir die Art und Weise des Landbaus beizubringen. Nachdem er mir eine Zeitlang sein Beispiel vorgeführt hatte, ging er wegen irgendwelcher Angelegenheiten etwa 1000 Schritt weit fort; zuvor hatte er mir aufgetragen, eine bestimmte Fläche zu pflügen, wobei er mir Schlimmes androhte für den Fall, daß ich die Arbeit nicht schaffte. Da sich aber die Mittagszeit näherte und die Ochsen vor Hitze schwitzten, drängten sie mit dem Pflug zum nächstliegenden Fluß. Indem ich mich nun dagegen anstemmte, daß sie dorthin liefen,

rurfum fumma ui à flumine reduco, plurimum tem-
poris abijt, nec iam opera abfolui poterat, quam-
obrem impatientius boues ftimulo, quorum alter
finiftra fortuna in uomerem impegit, & ex uulnere
mutilatus cepit animam agere, inops confilij, herilem
iram permetuens, qui longè habebat chariorem bouem
fuum quàm me, fugam intendo: fed herus fubito
reuerfus fugienti inftat, BRE TVT GIAVRI:
id eft, apprehende Chriftianum, clamans: fed nemo
omnium

liefen, und sie mit aller Kraft vom Fluß wegzog, verging die meiste Zeit, und ich konnte meine Arbeit nicht mehr schaffen. Deshalb trieb ich die Ochsen ziemlich ungeduldig an. Dabei stürzte der eine so unglücklich auf den Pflug, daß er wegen seiner schweren Verletzungen bald in den letzten Zügen lag. Ich war hilf- und ratlos, und da ich den Zorn des Herrn fürchtete, dem sein Ochse weitaus lieber war als ich, ergriff ich die Flucht. Aber da kam mein Herr plötzlich zurück und setzte dem Flüchtenden nach, wobei er schrie: *Bre tut giauri,* d. h. Haltet den Christen.

Aber

omnium quos prætercurrebam eam ei gratiam fecit,
quin contrà me animabant ad fugam: tandem ad
flumen uentum eſt, in id me deijcio, cum ſtimulo
quem geſtaui: uix tandem enataui ad alteram
ripam, ibi herum expeɗaui cum ſtimulo, ut eum
tranſnantem in primo appulſu terræ occiderem, ſed
ille cautior cepit impunitatem promittere ſi redirem,
ego reſpondi me ad ueterem herum iturum, unde
me emerat, ne illi ſui nummi perirent, nam elabendi
in illis locis nulla omnino ſpes affulgebat. Redij
igitur ad ueterem dominum, cui miranti cauſſas
fugæ, & infortunia mea expoſui: ſuperuenit paulò
poſt recens dominus, cui precium renumeratum eſt,
nam ædilitijs legibus me emerat, ut probam mercem
& nullius uitij, aut fugæ ſtudioſum. Mox arɗiſſime
colligatus ad aliud emporium aſportor, uendor
rurſus agricolæ, is quia humanior fuit, per quinque
annos ſub illius imperio uixi: quo tempore omnia
perdidici quæ ad agriculturam pertinent. Non
tamen in molli ſeruitute patriæ aut libertatis obli-
uiſci potui, nam me poſt quinquennium rurſum in
fugam conieci, ſed nullo ſucceſſu: retraɗus igitur
à domino, oraui ut me illi uenderet, cui opus eſſet
equiſone,

Aber keiner von allen, an denen ich vorbeilief, tat ihm den Gefallen, im Gegenteil, sie feuerten mich noch zur Flucht an. Schließlich kam ich zum Fluß, ich stürzte mich hinein mit dem Ochsenziemer, den ich noch bei mir hatte. Nur mit Mühe kam ich schwimmend endlich am anderen Ufer an, und dort erwartete ich meinen Herrn mit dem Ochsenziemer, um ihn, wenn er herüberschwimmen würde, totzuschlagen, sobald er nur das Ufer berührte. Aber der war auf der Hut und hob an, mir Straffreiheit zu versprechen, wenn ich zurückkehrte. Ich erwiderte, ich wolle zu meinem alten Herrn gehen, von dem er mich gekauft hatte, damit der nicht sein Geld verlöre; denn Hoffnung auf Entkommen gab es in dieser Gegend überhaupt nicht. Ich kehrte also zu meinem alten Herrn zurück und erzählte ihm, der sich nicht wenig wunderte, die Gründe meiner Flucht und mein Mißgeschick. Wenig später kam mein neuer Herr hinzu. Ihm wurde der Kaufpreis zurückerstattet, denn er hatte mich nach den offiziellen Marktvorschriften als gute und einwandfreie Ware ohne Fluchtgelüste gekauft. Hierauf wurde ich ganz straff gefesselt und zu einem anderen Sklavenmarkt gebracht. Wieder wurde ich an einen Bauern verkauft. Weil der aber menschlicher war, lebte ich fünf Jahre unter seinem Regiment, und in dieser Zeit lernte ich alles, was mit der Landwirtschaft zu tun hat. Und trotzdem konnte ich auch in dieser milden Knechtschaft mein Vaterland oder die Freiheit nicht vergessen, denn nach fünf Jahren ergriff ich wieder die Flucht, aber ohne Erfolg. Als ich von meinem Herrn wieder aufgegriffen worden war, bat ich ihn, mich an jemanden zu verkaufen, der einen Pferdeknecht brauchte. Auf

equiſone, ibi inter licitatores primum obuius quidam
Satrapa Natoliæ, ſic enim nunc minorem Aſiam
appellant, is querebat ex me quam artem profiterer,
reſpondi ab ineunte ætate literis operam dediſſe,
prætereà ſcire nihil: ibi ille, ſi uis inquit Muſlu-
mannus fieri, ego te emptum curandis equis præfi-
ciam, omnes mei qui curant, circunciſi ſunt, nec fas
eſt quenquam incircunciſum ad bella producere:
reſpondi

Auf dem Markt kam unter den Bietern als erster ein Lehns-
herr von Anatolien — so heißt nämlich jetzt Kleinasien —
auf mich zu. Der fragte mich, was mein Beruf sei. Ich
erwiderte, ich hätte mich von Jugend auf mit den Wissen-
schaften beschäftigt, von anderen Dingen verstünde ich
nichts. Darauf sagte jener: „Wenn du Muslim werden
willst, dann kaufe ich dich und mache dich zum obersten
Pferdeknecht. Alle meine Pferdeknechte sind beschnitten,
und es ist nicht gestattet, einen Unbeschnittenen mit in

den

respondi me hactenus durissima ob religionem Chri-
stianam retinendam tolerauisse, & malle adhuc
duriora pati, quàm Dei cultum abnegare. Tum ille:
Atqui nos Deum colimus, credimusque tres saluti-
feros libros, TEVRIT, INGIL & ALCORA-
NVM, per tres Prophetas Moysen, Christum, &
Mahumetum mundo editos, eosque & ueracißimos
& principes prophetarum, & inter se pares digni-
tate, & summam mihi præceptorum esse, ne alteri
iniuria fiat: ibi ego, si ueri sunt, cur non creditis
Christo quem ueracem profitemini? credimus inquit,
maximè, & facimus pro illius præceptis. Qui
inquam potest fieri, cum Christianis tantas iniurias
irrogetis? an quia Christiani baptizati, uos circun-
cisi? ideo uobis in hominum numero non habentur?
Tum ille, nos sæpius baptizamur, hæc uerba reci-
tantes, BISEM ALLAH ELRAHMAN EL-
RAHIM: id est, in nomine Dei & misericordiæ
& misericordiarum, nec hac parte à Christianis
differimus, sed quia eos idololatras credimus, seui-
tiem in eos exercemus, ut acerbitate malorum à tali
religione auocentur. Apud nos persuasum est, uos
tres deos colere, Deum, Christum, & Mariam: ibi
longa

den Krieg zu nehmen." Ich antwortete, ich hätte bisher die größten Härten erduldet, um an der christlichen Religion festzuhalten, und wolle lieber noch Härteres erleiden, als dem Gottesdienst abschwören. Darauf jener: „Aber auch wir verehren doch Gott, und wir glauben, daß die drei heilbringenden Bücher Tevrit, Ingil und Alcoran von den drei Propheten Moses, Christus und Mohammed der Welt gegeben worden sind; diese drei sprechen die reine Wahrheit, sie sind die Ersten unter allen Propheten und einander ebenbürtig. Und der Kern aller Gebote ist für mich, daß dem anderen kein Unrecht geschehen soll." Darauf ich: „Wenn sie alle wahr sind, warum glaubt ihr dann nicht an Christus, von dem ihr doch bekennt, daß er die Wahrheit sagt?" „Wir glauben ganz fest an ihn", sagte er, „und befolgen seine Gebote." „Wie kann das denn sein", sagte ich, „wo ihr doch den Christen soviel Unrecht zufügt? Etwa weil die Christen getauft, ihr aber beschnitten seid? Sind sie deswegen für euch keine Menschen?" Darauf er: „Wir werden ganz oft getauft, nämlich immer, wenn wir die Worte *Bisem Allah elrahman elrahim* sprechen, d. h. ,Im Namen des Gottes der Barmherzigkeit und der Barmherzigkeiten'. Und in dieser Hinsicht unterscheiden wir uns nicht von den Christen. Aber weil wir glauben, daß sie Götzenbilder anbeten, tun wir ihnen Gewalt an, damit sie sich aufgrund dieser bitteren Strafen von einem solchen Glauben abkehren. Für uns steht fest, daß ihr drei Götter anbetet, Gott, Christus und Maria."

Nun

longa diſputatione docui longè ſe rem aliter habere,
uerbaque ipſorum baptizationis, ad myſterium tri-
nitatis detorſi: hoc certe obtinui, ut me auidiſſime
emeret, emptumque adiungeret perito Alcorani, ut
leges Mahumeticas condiſcerem: aiebat enim facilè
futurum ut Muſlemannus fierem, ſi ipſorum inſtituta
rectè perciperem. Eſſe enim leges trium iſtorum pro-
phetarum æquales, & præceptis inter ſe congruere,
auum quoque ſuum fuiſſe ſacerdotem Chriſtianum,
& cognito religionum paruo diſcrimine, ſeſe tranſ-
tuliſſe ad cultum Mahumeticum, eumque ob peri-
tiam literarum factum Subbaſſam: illamque ſibi
eius nepoti fortunam reliquiſſe, ut trecentos equites
in bellum armet, mihique futuram eandem fœli-
citatem, ſi aui exemplum imitarer. Non ita diu
poſtea, noua expeditio in Hongariam à Turca ſuſ-
cepta eſt, heruſque meus ſe ad id inſtruens, uoluit
me ſecum ad commilitium abducere, ſi circuncidi
me paterer: alioquin timebat fugam, ne uicinus
meæ patriæ, equo præſertim inſtructus, fugam arri-
perem: cum ibi circunciſionem recuſarem, relinquor
in herilibus ædibus. Sed cum uideret me herus luctu
exanimem, & tam tenacem Chriſtianæ religionis,

mane,

Nun zeigte ich ihm in einer langen Erörterung, daß es sich ganz anders verhalte, und deutete die Worte ihrer Taufe auf das Geheimnis der Trinität um. Immerhin erreichte ich damit, daß er mich höchst begierig kaufte und danach gleich zu einem Korangelehrten gab, damit ich die mohammedanischen Religionsgesetze lernte; er sagte nämlich, ich würde ganz leicht zum Muslim werden, wenn ich ihre Lehren erst richtig begriffen hätte. Die Gesetze jener drei Propheten seien nämlich alle gleichartig und stimmten in ihren Geboten überein. Auch sein Großvater sei ein christlicher Priester gewesen, und als er den geringen Unterschied der Religionen erkannt habe, sei er zum mohammedanischen Glauben übergetreten, und wegen seiner wissenschaftlichen Bildung sei er Subbassa geworden; ihm selbst, seinem Enkel, habe er ein solches Vermögen hinterlassen, daß er dreihundert Reiter für den Krieg bereitstellen könne; mir winke das gleiche Glück, wenn ich dem Beispiel seines Großvaters folgen würde. Nicht lange danach unternahm der Türke einen neuen Kriegszug gegen Ungarn, und mein Herr, der sich dafür bereit machte, wollte mich zum gemeinsamen Kriegsdienst mitnehmen, sofern ich mich beschneiden ließe; denn sonst befürchtete er, daß ich so nahe bei meiner Heimat, noch dazu mit einem Pferd ausgestattet, die Flucht ergreifen würde. Da ich nun die Beschneidung ablehnte, mußte ich auf dem herrschaftlichen Anwesen zurückbleiben. Aber als mich mein Herr so fassungslos vor Schmerz und meiner christlichen

mane, inquit, domi & ora Deum, ut mihi det
liberos, (nam hactenus illi sterile coniugium
fuerat) qui si mihi ulli contigerint,
quamprimum à nata sobole liber
esto, atque ita suis con-
salutatis in bellum
abijt.

christlichen Religion so treu sah, da sagte er: „Bleib hier und bete zu Gott, daß er mir Kinder schenken möge (denn bisher war seine Ehe kinderlos geblieben). Wenn ich je welche bekomme, so sollst du bei der Geburt des ersten sofort frei sein." Und mit diesen Worten zog er, nachdem er sich von seiner Familie verabschiedet hatte, fort in den Krieg.

QVOMODO IAM EX
Perſia fugam iniens, euaſi.

REgreſſo ab expeditione Hungarica hero, omnes
deinde cum eo per totam Europam & Aſiam
peregrinationes obiui: erat enim exactor tributorum,
qui ipſorum lingua HARATSI uocatur, idque
non ſine ingentibus ſuſpirijs, cum uiderem tam
ualidas, tam opulentas ditiones, nuper Chriſtianas,
nunc Turcico imperio obedire, & exhauriri tributis
ad expugnationem reliquorum Chriſtianorum. Mox
inſecuta eſt & alia expeditio contra regem Perſa-
rum, ab ipſis Chuzulbas appellatum, Latinis rubrum
caput interpretari poteſt: multæ mihi ibi miſeriæ
exantlandæ. Surgitur enim ad iter de media nocte,
& equitatur ad proximum meridiem, quo tempore
cum à dominis aut prandetur aut dormitur, ſerui-
tia ad multa miniſteria diſtrahuntur, in figendis
tentorijs curandis equis, coquendis cibis, apportan-
dis pabulis. Cæterum omnia adhuc tolerabilia donec
ad extremam famem peruentum eſſet, quæ tanta
fuit, ut pabulum diurnum unius diei uictum ſuffi-
ciens, tantidem emeretur (***), multi igitur cum
iumentis

48

WIE ICH VON PERSIEN AUS
MEINE FLUCHT ANTRAT UND ENTKAM

Nachdem mein Herr vom Kriegszug gegen Ungarn zurückgekehrt war, begleitete ich ihn auf all seinen Reisen durch ganz Europa und Asien — er war nämlich Steuereintreiber, *Haratsi* in ihrer Sprache; und das tat ich nur unter tiefen Seufzern, weil ich sah, wie so mächtige und so reiche Länder, die vor kurzem noch christlich gewesen waren, nun dem türkischen Befehl unterstanden und mit Tributen zur Eroberung der restlichen Christenheit ausgesaugt wurden. Bald folgte ein weiterer Kriegszug gegen den König der Perser, den diese *Chuzulbas* nennen, was man mit „Rotkopf" übersetzen kann. Dort hatte ich viel Elend auszustehen. Man machte sich nämlich um Mitternacht auf den Marsch und ritt bis zum nächsten Mittag. Während um diese Zeit die Herren speisten oder schliefen, verteilte sich die Dienerschaft auf die vielen Aufgaben beim Aufbau der Zelte, der Pflege der Pferde, der Zubereitung des Essens und der Beschaffung von Futter. Aber all das war noch zu ertragen, bis es dann zur äußersten Hungersnot kam. Die war so groß, daß das tägliche Futter, das die Nahrung für einen einzigen Tag bot, zum selben Preis gekauft wurde (wie sonst die Ration für eine Woche). Viele verhungerten daher mit ihren Tieren, und viele Pferde wurden

iumentis inedia periere, multique equi iugulati ſunt.
In has miſerias adduxerat Turcas Perſa egregio
ſtratagemate, cum enim ſemper fugiendo audaciam
pugnandi diſſimularet, omnia quæ in proximo erant
combuſſit, abdućtis ſecum uniuerſis colonis. Turca
tranſmiſſo Euphratè ut uićtis inſtans, per æqua per
iniqua hoſtem inſequebatur, in latera ergo circum-
miſſo à Perſa exercitu, etiam quæ à tergo Turcis
erant, corrumpuntur. Coaćtus eſt igitur Turca per
loca omnium rerum egena exercitum ducere, quoti-
die Perſam ad prælium inuitans, quod ille duplici
de cauſa recuſabat, quia bombardas metuebat, &
fame hoſtem domare ſperabat. Ille tamen cæcus,
fugientem Perſam perſecutus eſt tam diu donec
ſuperuentu hyemis, & penuria omnium rerum
retroducere coaćtus eſt. Inter cætera mala id quoque
nequaquam leuiſſimum erat, quod nulla ibi fomenta
ignium præter ſtercora iumentorum, ea ſola accenſa
frigus militi relaxabant.

Cæterum dimidia pars quæ ad ignem accur-
rerat, reſolutis corporibus extinguebatur, multi inter
equitandum congelatis uenis membriſque rigentibus,
tanquam trunci ſuis equis inhærebant. Ineunte
ıaćturam

wurden geschlachtet. In diese Not hatte der Perser die Türken durch seine vortreffliche Strategie gebracht: Indem er immer zurückwich, tat er so, als ob er keinen Mut zum Kampf hätte, verbrannte dabei alles im Umkreis und nahm alle Bauern mit. Der Türke überschritt den Euphrat, setzte den Persern wie Besiegten nach und folgte dem Feind über Berg und Tal. Indem nun der Perser ein Heer um die Flanken der Verfolger herumziehen ließ, wurde auch alles, was im Rücken der Türken lag, zerstört. So war der Türke gezwungen, sein Heer durch Gegenden zu führen, in denen es an allem und jedem mangelte; täglich bot er dem Perser den Kampf an, den dieser aber aus doppeltem Grund verweigerte, weil er nämlich die Kanonen fürchtete und den Feind durch den Hunger zu bezwingen hoffte. Der aber in seiner Verblendung verfolgte den fliehenden Perser, bis der Winter einbrach und er durch den Mangel an allem zum Rückzug gezwungen wurde. Neben all den sonstigen Übeln war es durchaus nicht das geringste, daß es dort keinerlei Brennmaterial gab außer dem Mist der Tiere; nur den konnten die Soldaten anzünden, um die Kälte zu lindern.

Aber die Hälfte derer, die zum Feuer gelaufen kamen, brachen zusammen und starben, viele hingen beim Reiten mit vereisten Adern und froststarren Gliedern wie Holzklötze auf ihren Pferden. Der Türke war darauf und daran, alle

iacturam suorum Turca ultra dimidiam partem
exercitus amissam fuisse apprehensum est. Ardebat
illi animus proxima æstate uindicare iniuriam, sed
nuncio accepto regnum Tunetense à CAROLO
Romanorum Imperatore expugnatum esse, timens
Europæ, festinantissime cum reliquis copiarum Constantinopolim contendit, omisso ad tempus bello
Smail Sahi Sultan ita enim appellant regem Persarum. Nec Persa defuit occasioni, moratores omnes
& terga exercitus cecidit, usque ad Euphratem, &
recuperato Taurisio, quod in itinere Solymannus
cœperat, ingentia ibi præsidia Ianizerorum mactauit,
in hoc tumultu, Deo & beatissimæ uirgini meam
salutem commendans, magnisque uotis me obstringens, non prius scilicet me in patriam rediturum
quam limina Diui Petri & Pauli, sepulchrum
Christi & sanctum Iacobum compostellanum uotis
& precibus inuisissem, ex omni suppellectile domini
quaæ in tanta trepidatione direptui iacebat, nihil
præter unicum ciphum, & aliquantum salis ac securim sumens, in montes Armeniæ confugi, uastissima
quæque & desertissima quærens, ubi triginta septem diebus herbis me & syluestris alebam, noctu in
arbores

alle seine Leute zu verlieren; es zeigte sich, daß schon mehr als die Hälfte des Heeres aufgerieben war. Er brannte darauf, im nächsten Sommer dieses Unrecht zu rächen, aber da kam die Nachricht, daß das Reich von Tunis vom römischen Kaiser Karl erobert worden war; weil er nun um Europa fürchten mußte, eilte er so schnell er konnte mit den Resten seiner Truppen nach Konstantinopel und überließ das Feld vorläufig dem Smail Sahi Sultan, wie der König der Perser heißt. Und der Perser ließ sich die Gelegenheit nicht entgehen, er tötete alle Nachzügler und die Nachhut des Heeres bis hin zum Euphrat, eroberte Täbris zurück, das Solyman auf dem Hinweg eingenommen hatte, und schlachtete dort die riesige Schutztruppe aus Janitscharen ab. In diesem Durcheinander befahl ich mein Heil Gott und der allerheiligsten Jungfrau an und verpflichtete mich mit feierlichen Gelübden, nicht eher in meine Heimat zurückzukehren, bis ich die Kirchen des Petrus und des Paulus, das Grab Christi und den heiligen Jacobus von Compostela mit Opfergaben und Gebeten aufgesucht hätte. Von allem Gerät meines Herrn, das in dieser großen Verwirrung frei zur Plünderung herumlag, nahm ich nichts mit außer einem einzigen Becher, etwas Salz und einem Beil und floh in die Berge Armeniens, in die unwegsamsten und verlassensten Gegenden. Dort ernährte ich mich siebenunddreißig Tage lang von Kräutern und

arbores conscendens, ne à feris dilacerarer. Iam
meum dominum, longissime abijsse ratus, & misero
illo uictu ad summam imbecillitatem confectus,
montes illos & solitudines desero, uerum mox ubi
ad culta loca processissem, conspicior ab opilionibus,
qui ægrum me & ad omnem uim inualidum, ut
apprehensuri circumsistunt. His ego adhuc terri-
bilis uidebar ob securim quam gestabam qua ali-
quandiu canes inuadentes arcueram, hanc tandem
abieci, & me illorum fidei tradidi, quos dato ar-
genteo cipho mihi plane conciliaui, præsertim cum
docuissem me non mancipium Turcum sed Græcum
hominem liberum & intactum ab omni seruitio esse,
id crediderunt, quia me inspectis membris, incircun-
cisum deprehenderunt: mancipia enim ferè omnia
recutita sunt. Deductus ab opilionibus in proximam
urbem pro cibo, plerasque uestes tradidi, ibi rursus
circundor ab eius regionis Turcis, interrogatus quis-
nam & cuiatis essem, decurri ad prius dictum Græcum scilicet me hominem esse, pro mercede seruijsse
magnati cuidam, qui me ægrotum una cum reliquo
exercitu reliquerat, neutrum creditum fuit, inspectis
igitur denuo membris ex præputio didicerunt me
Musulmannum

und Waldfrüchten; nachts kletterte ich auf einen Baum, um nicht von den wilden Tieren gefressen zu werden. Als ich annahm, daß mein Herr schon ganz weit fort war, wagte ich mich, von dieser kümmerlichen Nahrung völlig entkräftet, aus den Bergen und der Einöde hervor. Aber kaum war ich zu bewohntem Gebiet gekommen, da sahen mich auch schon Hirten. Sie umringten mich kranken und gänzlich geschwächten Mann und wollten mich packen; denn ich kam ihnen noch immer furchterregend vor wegen des Beiles, das ich bei mir hatte und mit dem ich eine Zeitlang die Hunde abgewehrt hatte, die auf mich losstürzten. Schließlich warf ich es weg und ergab mich ihnen auf Treu und Glauben, und indem ich ihnen den silbernen Becher schenkte, konnte ich sie völlig auf meine Seite ziehen, zumal ich ihnen erzählte, ich sei kein türkischer Sklave, sondern Grieche, ein freier Mann, der nie Sklavendienste zu leisten gehabt habe. Das glaubten sie mir, nachdem sie meinen Körper untersucht und festgestellt hatten, daß ich unbeschnitten war; denn die Sklaven sind fast alle beschnitten. Ich wurde von den Hirten in die nächste Stadt gebracht und gab die meisten meiner Kleidungsstücke für etwas Essen fort. Dort wurde ich wieder umringt, diesmal von dort ansässigen Türken, die mich fragten, wer ich sei und woher ich käme. Ich griff auf meine frühere Aussage zurück, daß ich nämlich ein Grieche sei und gegen Lohn bei einem großen Herrn gedient habe, der mich zusammen mit dem übrigen Heer krank zurückgelassen habe. Man glaubte mir nichts davon, stellte aber nach erneuter Untersuchung meines Körpers an meiner
Vorhaut

Muſulmannum non eſſe. Tum adhibiti ſunt ſacerdotes Græcæ linguæ periti, cum his quia fœliciter Græciſſabam, didiceram enim eam linguam exacte in Thracia & Macedonia, pronunciatum eſt à ſacerdotibus me purum Græcum eſſe. Dimiſſus igitur una cum ſacerdotibus abeo, qui certiores facti me literas Græcas ſcire, præfecere pueris inſtituendis, in heremitæ cuiuſdam domuncula, quæ triduani itineris interuallo à ciuitate diſtabat. Ibi benigne alitus ſum & ueſtitus iam fruens libertate, & cum Chriſtianis Chriſtiane uiuens, & ne deprehenderer non Græcus eſſe, omnes illorum mores & ritus imitatus ſum. Sabbato tamen cum carnibus ueſcuntur abſtinui, allegans me ex uoto ob pericula ſuſcepto, obligatum eſſe, libet igitur aliquid hoc loco de eorum moribus recenſere.

DE RITV GRÆCORVM
& primo, De modo baptizandi.

BI puer ſacro lauacro regenerationis imbuendus eſt, infundit ſacerdos in cuperiſterium, oleum chriſmatis, hoc inungunt puerum omnes qui eum tenent, reliqui ritus baptizandi à ſacerdote peraguntur.

Solemnia

Vorhaut fest, daß ich kein Muslim war. Darauf zog man
einige Priester hinzu, die des Griechischen kundig waren,
und als ich mit diesen fließend griechisch redete — ich hatte
nämlich diese Sprache in Thrakien und Makedonien voll-
kommen gelernt —, da erklärten die Priester mich für einen
reinen Griechen. So ließ man mich mit den Priestern gehen,
und als diese hörten, daß ich der griechischen Schrift
kundig sei, da machten sie mich zum Lehrer der Knaben in
der Behausung eines Eremiten, die drei Tagereisen von der
Stadt entfernt lag. Dort wurde ich freundlich verköstigt
und gekleidet, und ich genoß wieder die Freiheit und lebte
als Christ unter Christen, und damit sie nicht merkten,
daß ich kein Grieche war, ahmte ich all ihre Sitten und
Gebräuche nach. Aber wenn sie am Samstag Fleisch aßen,
aß ich nicht mit und gab vor, durch ein in der Gefahr
abgelegtes Gelübde dazu verpflichtet zu sein. Es bietet
sich an, an dieser Stelle etwas über ihre Gebräuche zu
sagen.

ÜBER DEN GRIECHISCHEN RITUS, UND ALS ERSTES ÜBER DIE ART DER TAUFE

Wenn ein Knabe mit dem heiligen Bad der Wieder-
geburt versehen werden soll, gießt der Priester Salböl in
ein kleines Gefäß, und damit salben den Knaben alle, die
ihn halten. Die übrigen Taufriten werden vom Priester
durchgeführt.

Solemnia uespertinarum & matutinarum precum
auspicantur à psalmo C.iij. Ευλόγκ κ΄ ψκχφ μὸυ
τ̃ κύριομ: id est. Benedic anima mea dominum,
quo ad plenum recitato, fit suffitus ex thure, postmodum subiungitur psalmus C.xl. Κύριε ἐκεκραξα
πρός σὲ. id est. Domine clamaui ad te, quo perlecto ex libris ingentis magnitudinis quos ipsi
οκτοτυχος uocant aliquam partem recitant, ita
dispensatis portionibus, ut quater in anno euoluantur.

DE CÆREMONIIS
Missæ.

N Laudibus canendis nihil à nobis
uariant, in missa uero id discriminis,
in magno etiam numero sacerdotum
non nisi unus sacra missarum obit,
reliqui se pro ministris gerunt, ubi itidem facto
thureo suffitu, magna deuotione C.XL. psalmus
canitur, deinde offeruntur tres panes fermentati
quos προσφόρας dicunt. Hinc particulam defectam sacerdos in calicem immittit & una cum
uino consecrat, peracta consecratione eleuato calice,
ad populum in orbem se conuertit, populus in terram
pronus

durchgeführt. Die feierliche Rezitation der Abend- und Morgengebete beginnt mit Psalm 103: Ευλόγκ κ̂ ψκχφ μὸυ τ̂ κύριομ, d. h. „Lobe den Herrn, meine Seele." Wenn dieser ganz verlesen ist, räuchert man mit Weihrauch, und daran schließt sich Psalm 140 an: Κύριε ἐκεκραξα πρός σὲ, „Herr ich rufe zu dir." Danach lesen sie aus Büchern von ungeheurer Größe, die sie οκτοτυχος nennen, einen Abschnitt vor, wobei diese Leseabschnitte so eingeteilt sind, daß sie viermal im Jahr vorkommen.

ÜBER DIE ZEREMONIEN BEI
DER MESSE

Im Singen der Laudes unterscheiden sie sich nicht von uns, in der Messe aber gibt es den Unterschied, daß auch bei Anwesenheit einer großen Zahl von Priestern nur einer das Meßopfer vollzieht; die übrigen dienen als Ministranten. Nachdem auch hier mit Weihrauch geräuchert worden ist, singt man mit großer Andacht den 140 Psalm. Darauf werden drei gesäuerte Brote, προσφόρας genannt, dargebracht. Davon bricht der Priester ein Stückchen ab, taucht es in den Kelch und weiht es zusammen mit dem Wein. Nachdem die Wandlung vollzogen ist, hebt der Priester den Kelch und wendet sich reihum der Gemeinde zu,

pronus cadens acclamat, ἅγιος ὅ θεὸς & Kyrie
eleyſon, poſtmodum tres illos panes in manus ſumit
& minutatim conciſos populo diuidit. Ipſe autem
particulam illam panis quam in calicem immerſerat,
cochlearibus excipit, nec ad eam communicationem
cæteri admittuntur. Sunt illis Patriarchæ & Epiſcopi & per eos alij ſacris ordinibus initiantur, uerum
ut mariti ad ſacros ordines admittuntur, ita ubi
ſacerdos fueris, uxorem ducere non licet, imo mortua uxore, ſecundam ſuperducere ſacerdoti permiſſum non eſt. Quod ſi duxerit, ab omni miniſterio
eccleſiaſtico ſummouetur, & pro laico cenſetur. Hic
autem ordo eſt in ſacrificando. Patriarcha ſi adſit
primus omnium celebrat, quo abſente, ſacerdos,
nunquam matrimonio coniunƈus, eo abſente ſacerdos uiduus, abſente uiduo ſacerdos coniugatus.

DE IEIVNIO.

Eiunant ſtatim à quinquageſima, ſed
uſque ad diem cinerum omiſſo eſu
carnium, laƈicinijs & ouis ueſcuntur.
Cæterum à die cinerum per totam
quadrageſimam a piſcibus quoque abſtinent, præterquam

zu, und die Gemeinde wirft sich zu Boden und ruft ἅγιος ὅ θεός und Kyrie eleyson. Danach nimmt der Priester die drei Brote und verteilt sie in kleine Stückchen an die Gemeinde. Er selbst aber holt ein Stück von dem Brot, das er in den Kelch getaucht hatte, mit einem Löffel heraus. Zu dieser Form der Kommunion sind die anderen nicht zugelassen. Sie haben auch Patriarchen und Bischöfe, und durch diese werden die anderen zum geistlichen Stand geweiht. Aber während einerseits verheiratete Männer zum geistlichen Stande zugelassen werden, so darf andererseits jemand, der schon Priester ist, nicht mehr heiraten; ja der Priester darf nicht einmal, wenn ihm seine Frau stirbt, eine andere heiraten. Wenn er es aber trotzdem tut, wird er aller kirchlichen Ämter enthoben und als Laie eingestuft. Die Rangordnung beim Meßopfer aber ist die folgende: Als erster von allen zelebriert der Patriarch, falls er anwesend ist, die Messe; bei dessen Abwesenheit tut es der Bischof; bei Abwesenheit des Bischofs ein Priester, der nie verheiratet war; wenn ein solcher nicht da ist, ein verwitweter Priester; und wenn kein Witwer da ist, ein verheirateter Priester.

ÜBER DAS FASTEN

Sie fasten schon vom fünfzigsten Tage vor Ostern an, aber bis zum Aschermittwoch verzichten sie nur auf Fleischgerichte und nähren sich von Milchspeisen und Eiern. Vom Aschermittwoch an aber essen sie während der ganzen restlichen Fastenzeit auch keinen Fisch, außer an Sonntagen. Dabei

quam in diebus dominicis, ob ouis autem piscium non
abstinent, quæ certo genere liquaminis condiuntur,
ipsi uocant Hauiari. *Extra quadragesimam die Mer-*
curij & Veneris à carnibus abstinetur, die Saturni
non abstinetur, sed monachi illorum quibus nomen
est Caloieri *in æternum carnibus abstinent.*

DE CONVIVIIS EORVM
Festiuis diebus.

SOlemnia *festorum, ijsdem diebus quibus nos*
obseruant, quale est festum natalis, & resurrec-
tionis dominicæ, quibus temporibus ab omni ordine
sexu & ætate in templum conuenitur, secumque om-
nia esculenta & poculenta deferunt. Humi more Tur-
carum in medio templi accumbitur, uxor sacerdotis
in proximo apud sacerdotem, hancque ob mariti dig-
nitatem, in summa ueneratione habent, & uocant
papadiam. Hinc nulla necessitas ut symbolam cibo-
rum adferat, nam sacerdotes communibus laicorum
edulijs uescuntur. Peracto conuiuio sacri hymni
cantantur. In exequijs funeralibus decoctum ex uuis
passis

Dabei verzichten sie aber nicht auf Fischeier, die sie in eine bestimmte Tunke einlegen und die sie *Hauiari* nennen. Außerhalb der Fastenzeit essen sie am Mittwoch und am Freitag kein Fleisch, am Samstag essen sie es, aber ihre *Caloieri* genannten Mönche essen niemals Fleisch.

VON IHREN FESTMÄHLERN AN
DEN FEIERTAGEN

Die Feiertage wie das Fest der Geburt und der Auferstehung unseres Herrn begehen sie an denselben Tagen wie wir. An diesen Tagen kommen die Menschen von jedem Stand, Geschlecht und Alter in der Kirche zusammen und bringen allerhand zu essen und zu trinken mit. Man setzt sich nach Art der Türken mitten in der Kirche auf den Boden, wobei die Frau des Priesters direkt neben dem Priester sitzt. Denn aufgrund der Würde ihres Mannes zollt man auch ihr höchste Verehrung und nennt sie *Papadia.* Deswegen braucht sie auch keinen Beitrag zum Essen beizusteuern, denn die Priester essen von den gemeinsam mitgebrachten Speisen der Laien. Nach dem Festmahl singt man fromme Lieder. Bei den Begräbnisfeierlichkeiten wird ein dick gekochter Most aus Trauben und Weizen serviert,

paſſis & tritico propinatur, atque uocatur (***)
iſtum morem ferme ſingulis dominicis diebus ob-
ſeruant.

DE CÆREMONIIS
defunctorum.

N mortibus ſuorum lugendis hunc morem habent, capillos & barbas ſuper
cadauere defuncti lacerant, adeo ut
ferme deglabrati à ſepulchro redeant,
nec parcunt genis quas unguibus dilaniant.
Seculares eodem modo quo apud nos ſepeliuntur.
Sacerdos ubi extinctus fuerit, in cathedra cum
omni ſacrificali ueſtitu componitur, in manibus
calicem geſtans, atque ita poſtmodum ſepelitur.

DE OBLATIONE HOSTIÆ
pro ægrotis.

Ægroti pro recuperanda ſanitate munera ad
templum adferunt, & inter munera plerunque
pecudem aliquam de grege, qua immolata corium,
caput,

serviert, der (***) heißt. Das pflegen sie auch an fast allen Sonntagen zu tun.

ÜBER DIE BEGRÄBNISSITTEN

Bei ihren Totenklagen geht es so zu: Sie zerraufen sich Haar und Bart über dem Leichnam, so sehr, daß sie fast kahl vom Begräbnis zurückkommen, und sie schonen auch nicht ihre Wangen, die sie mit den Fingernägeln zerfleischen. Die Laien werden genauso begraben wie bei uns. Wenn ein Priester verstorben ist, setzt man ihn in vollem Ornat auf seinen Amtssessel, mit einem Kelch in der Hand, und so wird er dann auch bestattet.

VON DER OPFERUNG VON TIEREN FÜR DIE KRANKEN

Die Kranken bringen, um wieder gesund zu werden, Opfergaben in die Kirche, und bei diesen Gaben handelt es sich meist um ein Stück Vieh aus ihrer Herde. Nach der Opferung stehen das Fell, der Kopf, die Füße und der

caput, pedes & quarta pars carnis, ad facerdotem
pertinet, reliqua ad muneratorem. Cæterum quod
non abfumptum fuerit in conuiuio, id munerator
pauperibus donat, nam referre fecum domum ex
uictima non licet. Sacerdos autem ægroti capiti codicem euangeliorum imponit, & fanctas præcationes
effundit. Die dominico tantopere feriantur ut uel
uerrere pauimentum, nefarium putent. In uita femel
confitentur, ubi iam fuerint prouectæ ætatis, ac deinceps mire cauent à peccatis. Literæ politiores plane
ibi extinctæ, nullos poetas, oratores, philofophos,
uel legunt uel intelligunt, pueri nihil difcunt, nifi
facram fcripturam & aliquot theologos. Qui autem
uel textus euangeliorum uerbotenus exponere poteft,
magnus ibi rabbinus habetur. Qui facerdotio defli-
natur, femper agit apud facerdotes, & diuinis
myfterijs femper adeft. Muficam iftam noftram non
habent, ubi canendum eft chorodidafcalus in articulis digitorum certa loca demonftrat, fecundum
quæ uoces in canendo attemperantur. Hæc confuetudo per totam Græciam Walachiam Seruiam &
Rufiam obtinetur.

                                    SEQVITVR

der vierte Teil des Fleisches dem Priester zu, der Rest dem Spender. Aber was beim Opferschmaus nicht verzehrt wird, schenkt der Spender den Armen, denn man darf von einem Opfertier nichts mit nach Hause nehmen. Der Priester aber legt dem Kranken ein Evangelium auf den Kopf und spricht fromme Gebete darüber. Am Sonntag treiben sie die Feiertagsruhe so weit, daß sie es für frevelhaft halten, auch nur den Boden zu fegen. Nur einmal im Leben legen sie die Beichte ab, und zwar in vorgerücktem Alter, und danach hüten sie sich in staunenswerter Weise vor neuen Sünden. Die schöne Literatur ist dort gänzlich untergegangen, sie lesen oder verstehen keine Dichter, Redner und Philosophen. Die Knaben studieren nur die heilige Schrift und einige Theologen. Wer aber den Text der Evangelien seinem Wortlaut nach auslegen kann, der gilt dort als großer Schriftgelehrter. Wer zum Priesteramt bestimmt ist, lebt immer bei den Priestern und ist immer bei den Gottesdiensten dabei. Unsere Art von Musik haben sie nicht. Wenn es ans Singen geht, zeigt der Chorleiter auf bestimmte Stellen an den Fingern, nach denen sich die Töne des Gesangs richten. Diese Sitte gibt es in ganz Griechenland, in der Walachei, in Serbien und in Rußland.

ÜBER

SEQVITVR DE ARMENIORVM
moribus & Cæremonijs.

Ifferunt nonnihil Armenij nam ex pane azimo dominicum corpus conficiunt, nec uino calido utuntur ut Græci, qui dicunt id repreſentare calidum ſanguinem Chriſti ex uulnere recenti profluentem, ſed frigido, nec admiſcent aquam, quam dicunt in ſacramentis à Deo ſolummodo ad baptiſmum deſtinatam eſſe. Spiritum ſanctum ut Romana eccleſia à patre & filio agnoſcunt procedere, quod Græci negant, etiam in alijs à Græcorum moribus diſcedunt, quamobrem ſe mutuo hæreticos uocant, feſta anniuerſaria obſeruant ijſdem temporibus quibus nos, niſi quod natalem domini celebrant in feſto Epiphaniæ, aſſerentes eo die Chriſtum & natum & baptizatum eſſe. Ieiunia acrius præ cæteris hominibus obſeruant, tempore enim quadrageſimæ nullum uel oleum uel piſccm attingunt, plerique etiam à uino abſtinent, piaculum eſt ſi ſacerdos aliquod animal occidat, ſuffocata abominantur. Vaſa à canibus ore attacta, ab omni uſu reijciunt, in reliquis moribus ad Tur-

carum

68

ÜBER DIE SITTEN UND RELIGIÖSEN GEBRÄUCHE DER ARMENIER

Die Armenier unterscheiden sich von ihnen nicht wenig. Denn sie bereiten den Leib des Herrn aus ungesäuertem Brot, und sie nehmen auch keinen warmen Wein wie die Griechen, welche sagen, er stelle das warme Blut Christi dar, das aus seiner frischen Wunde fließe, sondern sie nehmen kalten. Und sie mischen auch kein Wasser dazu, denn das sei, wie sie sagen, bei den Sakramenten von Gott nur für die Taufe bestimmt. Sie erkennen wie die römische Kirche an, daß der Heilige Geist vom Vater und vom Sohn ausgeht, was die Griechen leugnen. Auch in anderen Gebräuchen weichen sie von den Griechen ab, weshalb sie sich gegenseitig Ketzer nennen. Die jährlich wiederkehrenden Feste begehen sie an denselben Tagen wie wir; nur die Geburt unseres Herrn feiern sie am Epiphanienfest, weil sie behaupten, daß Christus an diesem Tage sowohl geboren als auch getauft sei. Sie fasten strenger als die übrigen Menschen, denn zur Fastenzeit rühren sie weder Öl noch Fisch an, und die meisten trinken auch keinen Wein. Es ist ein Frevel, wenn ein Priester ein Tier tötet, und Fleisch von Tieren, die man erstickt hat, verabscheuen sie. Gefäße, die von Hunden mit der Schnauze berührt worden sind, benutzen sie nie wieder, und auch in anderen

carum conſuetudinem deficiunt. In peregrinationes
quæ religionis cauſſa ſuſcipiuntur, admodum proni,
non enim ſolum Hieroſolymam, ſed & Romam &
S. Iacobum Compoſtellanum inuiſunt. Peregrinos
uero & fugitiuos ex Chriſtianis ſeruitijs, humaniſ-
ſime tractant, meque ſuis ſumptibus Hieroſolymam
abduxerunt, quam urbem Turcæ Kutzumbarech,
id eſt ſanctam benedictionem uocant.

DE INTROITV IN ECCLESIA
S. ſepulchri & terræ ſanctæ, ac Solutione
Peregrinorum utriuſque conditionis.

C VM autem Hieroſolymam appuliſſem, receptus
ſum in monaſterium quoddam Franciſcano-
rum, quod in monte Syon uiſitur, omnino me diſſi-
mulans à ſeruitute refugiſſe, quia id receptoribus
capitale eſt, ibi contra fures Arabes noctu in cœnobio
cuſtodem egi, pactus in præcium præter uictum &
cultum, liberum & inemptum ingreſſum in ſepulch-
rum domini, quod alioquin magno à Turcis emitur.
In hoc miniſterio ad annum duraui, uiſitans cœno-
bium in Bethlehem & ſepulchrum domini, cuius
templum non niſi quater aut quinquies in anno
aperitur.

anderen Verhaltensweisen gehen sie zu türkischen Gewohnheiten über. Zu Pilgerfahrten aus frommen Motiven sind sie sehr geneigt; sie besuchen nämlich nicht nur Jerusalem, sondern auch Rom und Santiago de Compostela. Die Pilger aber und die entlaufenen christlichen Sklaven behandeln sie sehr menschlich, und auch mich nahmen sie auf ihre Kosten mit nach Jerusalem, das die Türken Kutzumbarech, d. h. „heiliger Segen" nennen.

ÜBER DEN ZUGANG ZUR KIRCHE DES HEILIGEN GRABES UND ZUM HEILIGEN LAND UND ÜBER DAS, WAS DIE PILGER VON BEIDERLEI ART DAFÜR ZU ZAHLEN HABEN

Als ich aber in Jerusalem angekommen war, nahm man mich in einem Kloster der Franziskaner auf, das auf dem Berge Zion zu besichtigen ist. Dabei verheimlichte ich ihnen strikt, daß ich ein entlaufener Sklave war, weil es lebensgefährlich ist, einen solchen aufzunehmen. Dort hielt ich nachts im Kloster Wache gegen die arabischen Diebe, wobei ich mir als Lohn neben Verpflegung und Kleidung den freien und kostenlosen Zugang zum Grab des Herrn ausbedungen hatte, den man sonst teuer von den Türken erkaufen muß. Diesen Dienst versah ich etwa ein Jahr lang und besuchte dabei auch das Kloster in Bethlehem sowie das Grab des Herrn. Die Grabeskirche wird nur vier- oder fünfmal im Jahr geöffnet. Die Schlüssel liegen nämlich

aperitur. Claues enim funt penes Subaffam qui in arce Dauidis domicilium habet, is autem precio eum locum aperit ubi ingens multitudo peregrinorum aduenerit, diuiti octo aurei foluendi, mediocris fortunæ homini quatuor uero ac facerdotibus tantum Francifcanis uero nihil. A Caldæis & Georgianis nihil exigunt quia illi è confœderatis prouincijs ueniunt, ifti nihil habent. His pecunijs domantur ut Chriftianos admittant, quod alioqui nunquam facturi effent. In hoc Hierofolymitano cœnobio, fingulis triennijs nouus Guardianus conftituitur, cum plena poteftate foluendi & ligandi, cui inter cæteras curas præcipua follicitudo eft, ut monachos diuerfarum linguarum afcifcat, quo confeffiones diuerfiffimarum nationum audire queant. Habet is tanquam metropolitanus quatuor fub fe cœnobia Bethlehemiticum & id quod in monte Syon extructum eft, & quod Barruti & in Cypro edificatum eft, quibus ex fua poteftate Gardianos creat.

nämlich beim Subassa, der in der Davidsburg residiert, und der öffnet diese Stätte gegen ein Eintrittsgeld, wenn eine sehr große Pilgerschar da ist; dabei haben die Reichen acht Goldstücke zu zahlen, Menschen von mittlerem Vermögen vier, und nur die franziskanischen Geistlichen zahlen nichts. Von den Chaldäern und Georgiern verlangen sie nichts, denn die einen kommen aus verbündeten Provinzen, die anderen haben nichts. Durch diese Gelder werden die Türken dazu gebracht, die Christen einzulassen, was sie sonst niemals tun würden. In diesem Jerusalemer Kloster wird alle drei Jahre ein neuer Guardian bestimmt, mit der Vollmacht zu lösen und zu binden. Neben seinen sonstigen Aufgaben ist er besonders darauf bedacht, Mönche mit unterschiedlichen Muttersprachen zu gewinnen, damit sie Menschen der verschiedensten Volkszugehörigkeit die Beichte abnehmen können. Er hat wie ein Metropolitan vier Klöster unter sich, das in Bethlehem, das auf dem Berg Zion und die Klöster von Beirut und Zypern, und in ihnen kann er kraft seines Amtes die Guardiane einsetzen.

QVOMODO FRATRES DIVI

Francisci Hierosolymam habitantes, mauros
nocte uenientes à cœnobio pellunt.

Anctissime in toto orbe apud istos monachos uiuitur. Sæpius hoc cœnobium à latronibus & furibus infestatur, quia id nec munire licet, nec armis instruere, tantummodo ad uim arcendam concessum est, ut fundis & baculis & clypeis utantur, pugnatur è cœnaculis per fenestras & è tecto, quod ibi planum est, non nostro more cuneatum acuitur. Vbi naues appulerunt Ioppen, accersitur Guardianus, qui secum adductis mulis, asinis & equis cum firmo comitatu peregrinos in suum cœnobium deducit, quo tempore alij pedibus utuntur, alij iumentis uehuntur prout uel religio uel tenuitas pecuniæ suadet, hæc deductio magno precio constat, cæterum uitæ suæ incolumitatem ut uulgo persuasum est, non redimunt. Si maior turba quam ut cœnobium capiat, mittuntur ad monasterium S. Iacobi Maioris quod Armenij habent. *Quod si adhuc multitudo superauerit, deducuntur ad ædes ubi quondam Diuus Petrus*

Christum

WIE DIE IN JERUSALEM LEBENDEN FRANZISKANERBRÜDER DIE NACHTS ZU IHREM KLOSTER KOMMENDEN MAUREN VERTREIBEN

Diese Mönche führen das frömmste Leben in der ganzen Welt. Öfters wird das Kloster von Räubern und Dieben heimgesucht; denn es darf nicht befestigt oder mit Waffen ausgerüstet werden, sondern zur Abwehr von Gewalt sind lediglich Schleudern, Stöcke und Schilde gestattet. Man kämpft von den Obergeschossen durch die Fenster oder vom Dach aus, das dortzulande flach ist und nicht wie bei uns spitz zuläuft. Wenn Schiffe in Joppe anlegen, holt man den Guardian, der Maultiere, Esel und Pferde mitnimmt und so die Pilger unter sicherem Begleitschutz in sein Kloster führt, wobei die einen zu Fuß gehen, die anderen auf den Lasttieren reiten, wie es sich aus ihrer Religion oder ihren knappen Geldmitteln ergibt. Dieses Geleit ist sehr teuer, und trotzdem erkauft man damit nach allgemeiner Überzeugung nicht die Unversehrtheit an Leib und Leben. Wenn die Schar größer ist, als das Kloster fassen kann, schickt man die übrigen zum Kloster von St. Jacobus dem Älteren, das den Armeniern gehört. Und wenn die Menge immer noch zu groß ist, bringt man sie in das Haus, wo einst der heilige Petrus Christus verleugnete.

Chriſtum negauit. Cæterum in urbe quia ibi nulla
ſunt Pandochia aut tabernæ, nemo hoſpitatur ſolummodo ex urbe commeatum petunt, ſi franciſcanus
uiĉtus non placuerit.

DE CEREMONIIS IN CIVITATE
Sanĉta Hieruſalem & Eccleſia S. ſepulchri
tempore paſcatis.

PLurima ibi ſemper uiſenda, potiſſimum circa
feſtum paſcatis, tum enim undecunque ex toto
orbe eo Chriſtiani confluunt, ex Armenia, Græcia,
India, Aethiopia. In dominica palmarum Guardianus aſino per ea loca inuehitur, per quæ Chriſtus
antea inueĉtus fuit, cum ad paſſionem ſuam prope-
raret, uſque ad montem Syon, ſternuntur item in uia
rami palmarum, & ueſtes, acclamatur oſanna filio
Dauid, ſubſequitur ingens turba Chriſtianorum
cuiuſque nationis, qui militari manu Ianitzerorum
deducuntur: quo tuta ſit iſtius pompæ ſolemnitas.
Moris autem eſt ut pridie paraſceues de media noĉte
deſcendatur in uallem Ioſephat, quam utrinque
mons Oliueti ab Oriente, & mons Syon ab occi-
dente claudunt, ibi initia memoriæ paſſionis domini
celebrantur,

nete. Weil es aber in der Stadt keine Herbergen oder Gasthäuser gibt, kommt dort auch niemand unter; man holt sich lediglich Lebensmittel aus der Stadt, wenn einem das Essen bei den Franziskanern nicht zusagt.

ÜBER DIE FEIERLICHKEITEN
IN DER HEILIGEN STADT JERUSALEM
UND IN DER GRABESKIRCHE ZUR OSTERZEIT

In Jerusalem gibt es immer viel zu besichtigen, besonders aber um das Osterfest herum. Dann nämlich strömen dort von überall aus der ganzen Welt die Christen zusammen, aus Armenien, Griechenland, Indien und Äthiopien. Am Palmsonntag reitet der Guardian der Franziskaner auf einem Esel durch die Stätten, durch die zuvor auch Christus ritt, als er seiner Passion zustrebte, bis zum Berg Zion, und es werden in gleicher Weise Palmzweige und Kleider auf den Weg gebreitet, man ruft „Osanna dem Sohn Davids", und eine ungeheure Schar von Christen aller Nationen folgt nach, geleitet von einer Janitscharentruppe, damit dieser feierliche Zug sicher ist. Es ist aber Sitte, daß man am Vorabend des Karfreitags gegen Mitternacht in das Tal Josaphat hinabsteigt, das gegen Osten vom Ölberg und gegen Westen vom Berg Zion abgeschlossen wird. Dort begeht man den Beginn der Gedenkfeierlichkeiten

an die

celebrantur, in spelunca quadam ubi Christus patrem orauit ut à se transferret calicem. Torrentem autem cedron non faciunt aut flumina aut fontes, sed pluuiæ è montibus istis decurrentes, in hac ualle aiunt iudicium uniuersale totius mundi futurum esse. Post omnium locorum Christi passione insignium uisitationem, sepulchrum domini acceditur, sed sub tributo, ubi ad triduum perseueratur, peracto triduo à sacerdotibus singularum nationum templum domini sepulchri ter ambitur solenni more, primo ordine Græci procedunt, deinde Armenij, mox Iacobitæ, Georgiani, Suriani Maronitæ alijque deinceps. Cæterum Caldæi quos ipsi uocant Habassinos, palmarium mihi uidentur auferre in austeritate ieiuniorum, horum plerique in desertum ubi Christus ieiunauit, abscedunt, in singulos dies non nisi duodecim grana pisarum & aliquot radices herbarum ad uictum auferunt, alij usque ad Dominicam diem nihil gustant, cæterum tum largius se curant, & quod mirum est uidebis eos macilentissimos quidem sed hilares maxime, nunquam iurant, blasphemant nunquam. Pari ferme sanctitate uisuntur Indiani.

DE IGNE

an die Passion Christi, und zwar in einer Grotte, in der
Christus zum Vater betete, daß der Kelch an ihm vorüber-
gehen möge. Den Bach Kidron aber speisen keine Wasser-
läufe oder Quellen, sondern das Regenwasser, das von
jenen Bergen herabströmt. In diesem Tale, sagt man, wird
das allgemeine Gericht über die ganze Welt stattfinden.
Nachdem man alle Orte besucht hat, die durch Christi
Passion einen Namen haben, geht man zum Grabe des
Herrn, aber unter Zahlung einer Abgabe. Dort verharrt
man drei Tage. Nach diesen drei Tagen ziehen die Priester
der einzelnen Nationen dreimal in feierlicher Prozession
rings durch die Grabeskirche, als erstes die Griechen, dann
die Armenier, danach die Jakobiten, und danach die Geor-
gier, Syrer, Maroniten und alle anderen. Aber die Chaldäer,
die sich selbst Abessinier nennen, scheinen mir die Sieges-
palme davonzutragen durch die Strenge ihrer Fastenregeln.
Die meisten von ihnen ziehen sich zurück in die Wüste,
in der Christus fastete, und nehmen pro Tag nur zwölf
Erbsen und ein paar Kräuterwurzeln als Nahrung mit;
andere essen bis zum Ostersonntag überhaupt nichts;
danach aber lassen sie es sich um so reichlicher wohl sein.
Und was besonders erstaunlich ist: du wirst sie zwar völlig
abgemagert sehen, dabei aber ganz heiter; niemals fluchen
sie, niemals lästern sie. Fast die gleiche Frömmigkeit sieht
man bei den Indern.

VOM FEUER

DE IGNE SPIRITVS SANCTI.

Fiunt autem istæ pompæ ut ignem Sancti spiritus impetrent, qui singulis annis emicare solet, discursat ille in speciem ardentis nubis circa altare sancti sepulchri usque ad semihoram. Subassa autem ne Christiani se falsis miraculis iactent, solet extinguere quicquid est ignium in templo, & diligenter obseruare ne artificio aliquo aut machinamentis ignem excitent. Moris autem est ut si prima natio suis precibus lumen istud cæleste non impetrauerit, ut secunda ac tertia & reliqui per ordinem succedant, donec, ut sic dicam, sit perlitatum.

Aiunt lucernam primam ex eo igne incensam, nihil cremare, sed lumen tantummodo innoxium habere, id ut fama celebratum est, ita mihi compertum non est. Mane post pompam paschalem, alij ex nostris missam celebrant in monte Caluariæ & in sepulchro domini, utrobique enim altaria sunt, sed ab alijs nationibus ibi sacrum missarum non peragitur. Peractis omnibus ritibus ecclesiasticis, Guardianus nostrorum pedes lauat, in sacello quod est non procul ab ecclesia cænaculi Christi, ubi ille cum

suis

VOM FEUER DES HEILIGEN GEISTES

Diese Prozessionen aber werden veranstaltet, um das Feuer des Heiligen Geistes zu erwirken, das jedes Jahr aufzuleuchten pflegt: Es kreist in Gestalt einer flammenden Wolke bis zu einer halben Stunde lang um den Altar der Grabeskirche. Damit aber die Christen sich nicht falscher Wunder rühmen, pflegt der Subassa jegliches Feuer in der Kirche auszulöschen und achtet sorgsam darauf, daß sie nicht durch irgendwelche Kunstgriffe oder Machenschaften ein Feuer entzünden. Es ist aber der Brauch, wenn die erste Nation mit ihren Gebeten dieses Himmelslicht nicht erwirken kann, daß dann die zweite und die dritte und die übrigen sich nacheinander ablösen, solange bis das Wunder sozusagen herbeigebetet worden ist.

Man sagt, daß der erste Leuchter, der mit diesem Feuer entzündet wird, nichts verbrenne, sondern bloß ein gefahrloses Leuchten zeige. So viel davon auch die Rede ist, so habe ich es doch selbst nicht feststellen können. Am Morgen nach der Osterprozession feiern einige der Unsrigen die Messe auf dem Kalvarienberg und im Grab des Herrn, denn an beiden Stellen stehen Altäre, aber von den anderen Nationen wird das Meßopfer dort nicht vollzogen. Wenn all diese kirchlichen Zeremonien vollbracht sind, wäscht der Guardian den Unsrigen die Füße, und zwar in einer Kapelle, die nicht weit entfernt ist von der Kirche des

letzten

ſuis agnum paſchalem comedit, quod ipſum quoque Chriſtiani imitantur ueſcentes ex agno aſſato. Cæterum de cæremonijs alijs, rituque ac modo uiſitandi loca ſacra, & quid ubique uel noui uel periculi, quia ab alijs ſepe narratum eſt libens omitto. Ego autem ab Hieroſolymis ſoluens in Hiſpaniam nauigaui, ac tandem liber inter liberos Chriſtianos cepi agere, nec deſtiti quin uota illa uiſitandorum locorum ſacrorum, quibus me obligaui, adimplerem.

SALVTATIO, RESPONSIO,
Valedictio, Gratiarum actio Hungarorum.

Salutatio.   *Iſten agsionapot io uram.*
            id eſt. deus det tibi bonum diem optime
Reſponſio. *Fogags iſten atciam fia.*   (*Heros.*
            id eſt. ſuſcipiat deus patris mei fili.
Valedictio. *Iſten maragion hazad.*
            id eſt. Deus maneat tecum.
Reſponſio. *Iar bekiuel ſerete Vram.*
            id eſt. I cum eius pace chariſſime Heros.

FINIS.   *Laus Deo.*

letzten Abendmahls, wo Christus mit seinen Jüngern das Osterlamm aß, was die Christen nachahmen, indem sie gebratenes Lammfleisch essen. Aber da über die anderen Zeremonien, über die Art und Weise der Besichtigung der heiligen Stätten und über die Besonderheiten und Gefahren eines jeden Ortes von anderen schon oft berichtet worden ist, übergehe ich es gern. Ich aber reiste aus Jerusalem ab und segelte nach Spanien und begann endlich wieder als freier Mann unter freien Christen zu leben. Und ich versäumte es nicht, jene Gelübde zu erfüllen, durch die ich mich verpflichtet hatte, die heiligen Stätten zu besuchen.

BEGRÜSSUNG, ANTWORT DARAUF, LEBE-WOHL UND DANKSAGUNG DER UNGARN:

Begrüßung: Isten agsionapot io uram.

Gott schenke dir einen guten Tag, bester Held.

Antwort: Fogags isten atciam fia.

Gott möge sich dessen annehmen, Sohn meines

Lebewohl: Isten maragion hazad.   (Vaters.

Gott sei mit dir.

Antwort: Iar bekuel serete Vram.

Gehe hin in seinem Frieden, lieber Held.

ENDE.   Lob sei Gott.